민변의 궤변

민변의 궤변

조형곤 지음

백년동안

| 머리말 |

시민사회단체인 민변은 '민주 사회를 위한 변호사 모임'의 약칭으로서 그 이름만큼이나 그들의 위상 또한 대단하다. 단지 변호사들의 모임일 뿐인데 그들이 행사하는 영향력이나 사회적 파급효과는 거의 제1야당의 수준에 이를 만큼 막강한 것이다. 민변은 어떻게 이런 힘을 가지게 되었을까?

우선 우리나라 정계에 지대한 영향을 끼치는 인물을 끊임없이 배출하고 있다는 점이 눈에 띈다. 노무현 전 대통령의 정치적 고향은 민주당이 아니라 민변이었으며 2012년 대선에서 박근혜 대통령과 경쟁했던 문재인 후보 역시 정당보다는 민변이 배출한 대통령 후보라고 해도 틀린 말이 아니다. 필자가 그렇게 주장하는 이유는, 문 후보가 내세운 대부분의 공약이 평소 민변이 주장하던 것과 매우 흡사하기 때문이다. 민주당 안에서도 이른바 '친노'라 불리는 사람들의 실세는 거의 민변 출신들이다.

민변 출신 인사들은 김대중·노무현 정부 때 정치권에 대거 입성했다. 그들은 특히 사법부에 집중적으로 포진하여 정권이 바뀐 후까지도 지대한 영향력을 행사하고 있다.

그런데 겉으로는 멀쩡해 보이는 이 민변의 행보가 수상하다. 이제껏 민변이 주로 펼쳐왔던 주장과 변론을 살펴보면 주로 종북 세력을 변호하고 있거나, 국가보안법 등 국가 안보에 중요한 역할을 하는 법률의 폐지를 내세우고 있다. 또 그들은 공권력 무력화에 앞장서 왔으며 그들의 주장과 행태는 민주화가 아닌 늘 정치적 분쟁으로 귀결되곤 했다.

오랫동안 필자는 민변의 변호사들이 왜 이런 행동을 하는지 궁금하게 여겨왔다. 또한 민변을 '국가보안법 철폐를 주장하는 단체' 혹은 '종북 세력을 비호하거나 간첩을 변호하는 법률가 집단' 쯤으로 보는 견해에서 한 발 나아가 그들의 본질적인 모습이 무엇인지 알고 싶었다. 그래서 필자는 이제껏 민변이 해온 일들을 집중적으로 탐구하기에 이르렀다.

그 결과 필자는 민변이 '궤변'과 '자기 부정'으로 이어지는 이중성을 갖고 있다는 결론에 도달했다. 민변의 대표적인 궤변은 공권력에 대한 주장에 있다.

공권력은 국가 권력, 즉 민주 사회에서 국민이 국가에 부여해 준 공적인 권리를 말한다. 공권력은 입법 권력, 집행 권력, 사법 권력을 통칭하는 말로, 집행 권력은 단순한 행정 행위만이 아닌 대통령의 통치 권력을 뒷받침한다. 공권력의 핵심은, 국민의 기본권을 지키기 위해 국민 스스로가 허락한 권력이다.

그런데 민변은 이 공권력을 국민의 기본권을 침해하는 힘으로 보고 있다. 민변에게 경찰은 동네북이 된 지 이미 오래다. 정당한 공권력 행사를 '남용'으로 몰아붙여 공무원의 정상적인 행정 집행 기능을 위축케 함으로써 국가 기능이 제대로 돌아가지 못하도록 하는 폐해를 끼치고 있다. 이로 인해 공권력을 행사해야 할 시점에 제대로 공권력이 행사되지 않는 일이 만연하게 되었다. 국민의 기본권을 지켜야 할 공권력 행사에 끊임없이 제동을 거니 결국 그 피해는 고스란히 국민에게 돌아오게 된 것이다. 즉 대한민국의 국민은 공권력에 의한 기본권 보장을 기대하기 어려운 처지에 놓이게 된 것과 다름없다.

공권력에 대해 민변이 저지른 횡포의 예를 들어보자. 경찰이 현행범을 체포하는 과정에서 경찰을 둘러싼 시위대 때문에 현행범은 도망치고 되레 경찰이 민변 변호사에게 체포되어 경찰서로 넘겨지는 어처구니 없는 일도 있었다. 또한 폴리스 라인을 치는 경찰에 대해 집회와 시위를 방해한다는 이유로 민변이 경찰 간부를 체포한 일도 실제로 일어난 일이다.

물론 이러한 상황은 경찰의 한심한 대응과도 무관치 않다. 2011년 전북 전주에서 6개월이나 계속되었던 버스 노조의 장기 파업 때 노조는 시민들의 출근길인 대로를 점령하고 가두 시위를 한 적이 있다. 이때 경찰은 그들의 불법 집단 행동을 단속하기는커녕 오히려 그들의 행렬 앞뒤에서 경호를 해주었다. 출근하던 전주 시민들은 화가 치밀었고 자동차 경적을 울려 항의해 봤지만 시위대는 물론 경찰도 아랑곳하지 않았다.

이는 그냥 지나칠 수 없는 충격적인 사건이다. 국민의 기본권이 정당한 사유 없이 침해되어도 민변은 집회 시위의 자유를 행사한 것이라고 주장하였다. 민변에게는 노조의 집회 시위의 자유만 중요하고 국민이 일상을 장애 없이 누릴 수 있는 가장 기본적인 권리는 안중에도 없었다. 헌법이 보장하는 집회 시위의 자유를 위해 도로교통법에서 단속하는 통행 방해 쯤이야 우습게 생각하는 민변의 궤변이 위의 사안처럼 우리 사회에서 공공연하게 통하고 있는 실정이다.

이런 일 외에도 민변은 대법원 및 헌법재판소의 판결과 결정에 영향력을 발휘하며 '환영' '개탄' '비판' 등의 성명과 기자회견을 남발하여 국민의 판단력을 흐리고 있다. 그런데도 대한민국의 정당들은 민변의 눈치 보기에 급급하다. 여야를 막론하고 정당들은 그동안 정책 개발보다는 색깔론과 지역 분할주의에 빠져 있었다.

그 틈에 민변은 정당을 장악하였고 이를 통해 입법 권력까지 차지하려 넘보고 있다. 민변은 전문적인 법 지식으로 포장한 궤변으로 나름의 이념과 정책을 제시하고 있다. 무상 급식, 무상 보육, 경제 민주화 등은 민변, 그리고 민변과 함께 하는 정치 세력들이 주장했던 것들이다. 이러한 주장들을 자세히 들여다보면 경제적 약자를 위하거나 민주화를 실현하는 것과는 관계가 없고 그 이면에는 정치적, 이념적 편견만 가득할 뿐이다.

필자는, 이렇게 공권력 무력화에 앞장서는 민변의 실체를 밝히고 그들의 이중적 행태를 낱낱이 드러내기 위해 이 책을 썼다. 또한 민변의 노동 및 임금 문제에 대한 태도, 대기업에 대한 적대감, 북한 사회에 대한 인식 등 그들이 지향하고 있는 이념과 사고에 어떤 함정이 숨어 있는가도 파헤쳤다. 아울러 그들이 진정으로 부르짖는 민주화와 약자에 대한 배려가 얼마나 가식적이며 결국은 모두 정치적 제스처에 불과했다는 것을 사례를 통하여 밝히고 있다.

민변이 어떤 단체인지에 대한 판단은 결국 국민 개개인의 몫이다. 하지만 국민들이 판단하기 위해서는 민변의 실체에 대한 자료가 필요할 것이다. 필자는 이 책이 민변에 대한 국민의 올바른 판단을 이끌어낼 수 있는 최소한의 자료가 되기를 기대한다.

2014년 9월

조형곤

|차 례|

머리말 • 5

1부 민변의 역사와 민변 사람들

1장 민변의 출범과 목적 • 15

2장 민변 사람들 • 23

2부 민변의 궤변

1장 궤변의 의미 • 45

2장 민변 사람들을 왜 궤변론자라 하는가? • 48

3부 민변과 공권력

1장 공권력이 무시되는 시위 현장 • 67
2장 민변과 경찰의 마찰 • 73
3장 공권력 무력화의 배후에는 민변이 있다! • 80
4장 민변의 표현으로 살펴본 '공권력' • 91
5장 공권력에 대한 언론의 시각 • 96
6장 공권력 불행사 현상이 심각하다 • 99

4부 민변과 재벌 대기업

1장 민변이 말하는 재벌 대기업 • 115
2장 삼성전자의 법인세는 3.2조 원 • 119
3장 민변은 부유한 기득권층의 편이다 • 124
4장 재벌 기업은 왜 민변을 선택하는가? • 128

5부 민변과 노조

1장 민변과 귀족 노조 • 135
2장 민변과 전교조 • 142
3장 "실업자 · 구직자도 노조를 결성해야 한다." • 150
4장 노동자가 노동자를 착취한다. • 155

6부 민변과 북한 인권 · 161

7부 민변과 학생인권조례 · 169

8부 민변과 집회 시위·집단 소송

1장 집회 시위의 자유와 통행 방해 · 185

2장 민변과 집단소송법 · 205

9부 민변과 법조인들 · 223

부록 민변 그리고 그들과 함께하는 사람들 · 234

1부

민변의 역사와 민변사람들

1장

민변의 출범과 목적

민변의 시작은 여느 단체나 다름없이 뜻이 맞는 사람들끼리의 모임에서 비롯되었다. 민변이 하나의 단체로 간판을 내걸고 적극적으로 활동을 시작한 것은 88올림픽이 개최되기 몇 달 전인 1988년 5월 28일이었다. 민변이 맨 처음 어떻게 만들어졌는지를 알아보기 위해 민변의 홈페이지에 실린 글 일부를 옮겨보았다.

인권변호사 1세대라고 해야 할 이병린 변호사에서 시작하여 이돈명(전 조선대 총장), 한승헌(전 감사원장), 조준희(전 언론중재위원회 위원장), 홍성우, 황인철 변호사 등이 1970년대 유신 시기 시국 사건 변론을 주로 담당해

왔고, 1980년대에는 조영래, 이상수, 박성민, 박원순 등 2세대 변호사들이 시국사건 변론에 적극적으로 참여하였다. 이들은 망원동 수재 사건과 구로 동맹 파업 사건 공동 변론을 계기로 1986년 5월 19일 '정의 실현 법조인회(정법회)'를 결성하였는데 이 모임에는 강신옥, 고영구(전 국정원장), 유현석, 이돈명, 이돈희(대법관 역임), 이해진, 조준희, 최영도, 하경철(전 헌법재판관), 한승헌, 홍성우, 황인철, 김동현, 김상철, 박성민, 박용일, 박원순, 서예교, 안영도, 유영혁, 이상수, 조영래, 하죽봉, 박연철, 박인제, 박찬주, 최병모, 김충진 변호사 등이 참여하여 대한변호사협회 인권위원회를 통해 인권 변론 활동을 확대하면서 김근태 고문 사건, 부천서 성고문 사건 등 5공 몰락을 초래한 주요 사건을 변론하고 사회 쟁점화하였다. …… 1988년부터 젊은 변호사들을 중심으로 '자주·민주·통일을 목표로 하는 민족 민주 운동의 한 부문'으로 스스로를 규정하고자 한 '청년변호사회(청변)'가 결성되었다. 이 모임에는 이석태, 김형태, 조용환, 유남영, 박용석, 임희택, 손광운 변호사가 참여하였고 기존 정법회의 멤버였던 박원순, 임재연, 이원영, 박인제,이양원, 백승헌 변호사도 같이 하였다.

이렇게 조금은 다른 경로로 만들어진 '정법회'와 '청변'은 몇 차례 논의를 통하여 한국사회의 민주화를 위하여는 통합 활동이 필요하다는 합의에 이르렀다.……

그동안 여러 차례 언론 보도에 오르내렸던 유명 변호사들도 참여한 민변은 회칙을 만들고 본격적인 통합 활동을 시작했다. 민변은 모임의 회칙에서 그 목적을, '기본적 인권의 옹호와 민주주의의 발전에 기여함'이라고 밝히고 있다. 시국 사건 1호 변호사로 불리는 한승헌 변호사는 2014년 1월 5일 YTN 방송에 출연하여 인권 변호사에 대해 다음과 같이 자신의 입장을 밝혔다.

"변호사라는 말 속에 이미 인권을 지키는 직분의 의미가 들어 있다. 인권 변호사라고 하면 '공 잘 차는 축구 선수' '헤엄 잘 치는 수영 선수'처럼 동의어의 반복이 된다. 그러니 인권 변호사라는 말은 우스운 말이다."

한승헌 변호사의 말을 근거로 하여 민변의 목적을 다시 한 번 정리하면 변호사 활동 잘 하면서 민주주의 발전에도 기여하자는 것이다.

민변은 출범 이후 수많은 시국 사건의 변론을 맡았다. 권인숙·박종철·김근태 등 고문 사건을 폭로하고 변론을 담당했으며 임수경·문규현 방북 사건, 효순·미선 양 사건의 변론도 맡았다. 또 이라크 파병 및 한미FTA 추진에는 법적 대응에 나섰고 호주제가 헌법에 불합치하다는 결정을 이끌어내 호주제 폐지에 결정적 역할을 하기도 했다.

미국산 쇠고기 문제에 대해서는 진보 진영의 법률 자문을 맡았고 2008년에 있었던 '미국산 쇠고기 수입 고시'에 대해서는 민변이 중심이 되어 국민청구인단 10만 명을 모아 헌법소원을 진행하기도 했다.

이 외에도 송두율 교수 사건(2003~2008), 일심회 간첩 사건(2006), 쌍용자동차 본사 점거 농성 사건(2009), 용산 참사 사건(2009), 왕재산 사건(2011), 이석기RO 사건(2013~) 등 굵직한 시국 사건의 변호인 석에는 어김없이 민변 소속 변호인들이 나타나곤 했다.

이들은 변호 활동만 한 것이 아니다. 법률 전문가로서의 특성을 살려 민주화실천가족운동협의회(민가협), 인도주의실천의사협의회(인의협) 등 비슷한 성격의 사회 운동 단체와 연대하여 대외 활동에도 나서게 되었다. 이들은 시국 사건 변론을 계속하면서 연구 활동이나 다른 단체와의 연대를 통한 여론 형성 등에도 주력하게 된 것이다.

1997년 12월, 김대중 정부의 출범 이후 그들이 지향하는 민주화가 이뤄지자 민변은 시국 사건 변론보다는 자신들의 세력 불리기에 적극적으로 나서기 시작했다. 이때 이미 회원 수가 300여 명에 이르렀던 민변은 당시 급속히 성장한 시민단체들의 구심점 역할을 하기 시작하였다. 이 무렵부터 민변은 시국 사건이 아닌 김포공항 소음 피해 소송, 흡연 피해자 집단 소송, 수해 피해 주민들 집단 소송 등을 맡기도 하였다.

2002년 민변 회원이었던 노무현이 대통령에 당선되면서 민변은 더욱 활발한 활동을 벌여나갔다. 2004년 국회에서 대통령의 탄핵이 가결되자 이 같은 사태가 되풀이되는 것을 막기 위해 수많은 민변 회원이 국회로 진출하였다. 또 많은 회원이 공직에 임명되어 정치에 직접 참여하기 시작한 것도 이 무렵부터였다. 이때부터 민변은 이미 시민단체가 아닌 정치 집단으로 자리를 잡은 것이라 볼 수 있다.

그런데 그동안 민변이 변호사 활동을 얼마나 잘 했는지, 또 그런 활동을 통해 민주주의 발전에 어느 정도 기여했는지에 대한 평가는 쉽게 할 수 없다. 민변이 걸어온 길을 살펴보면 그들이 자신들 본래의 목적인 변호사 활동보다 정치 세력화에 더 몰두하고 있다는 것을 알 수 있다. 물론 이런 민변의 일탈적 활동들에 대해 언론들은 따갑게 충고해왔다. 특히 2008년 100여 일 동안 대한민국을 거짓과 광기로 들끓게 만든 광우병 촛불 집회 사건과 관련하여 민변이 보여준 행태에 대해서 언론은 노골적인 비판을 서슴지 않았다.

"민변 사무차장의 궤변을 듣고는 도저히 참을 수 없었다고 한다. (모임이 만들어진 지 20년이 지났으니) 사람으로 치면 성인이 된 것이다. 민변도 나잇값을 해야 한다."(「조선일보」 2008년 7월 10일)

"민변, 이러고도 법률가 단체라 할 수 있나, 민변은 법률가 단체로서 법질서를 파괴하는 행위에 대해 균형 잡힌 시각을 갖춰야 한다."(「동아일보」 2008년 6월 30일)

당시 민변이 보인 행태는 인권을 지키고 민주주의를 발전시킨다는 단체 본연의 활동으로 볼 수 없었기 때문이다. 광우병 촛불 집회 사건은 졸지에 정권을 빼앗긴 좌파들이 정신적 공황 상태에서 만들어낸 대 사건이다. 김대중, 노무현으로 이어지면서 적어도 20년은 정권을 유지하리라 자신감에 차 있었던 좌파들은 500만 표 이상의 압도적인 표차에 의해 결정된 이명박 대통령의 당선에 크게 충격을 받았다. 눈뜨고 정권을 강탈당한 느낌이었을 그들은 선거 결과를 받아들이기에 상당한 시간이 필요했다. 그들은 정신적 공황에서 벗어나기 위해 거짓과 광기를 유감없이 발휘하여 전국을 혼란에 몰아넣은 중대 사건을 만들어냈다. 소위 '쇠고기 광우병 촛불 집회' 사건이다.

그들의 바람대로 이명박 정부는 출범하자마자 파행 정국으로 빠져들게 되었다. 이 무렵 민변은 그 어느 때보다 활발하게 자신들의 모습을 온 세상에 드러내놓았다. 민변이 일부 시민들의 집회 시위의 자유를 위해 다른 시민들의 안전과 통행의 자유는 침해될 수 있다는 식의 궤변을 내놓은 것도 이때의 일이다. 이 주장에 국민들은 고개를 갸우뚱했다. 그런데 민변의 석연찮은 행보는 거기서 그치지 않았다. 더 나아가 10만 소송인단의 중심에 서서 '미국산 쇠고기 수입 고시'에 대해 헌법 소원을 진행했다.

전문가들이 모인 단체인 민변이 앞장서니 그들의 주장은 공신력이라는 큰 힘을 얻게 되었다. 그 가운데 국민들은 혼란과 불안 속에서 나날을 보내야 했다. 당시에는 대형 마트에서 미국산 소고기를 팔지 못하도록 실력 행사를 하고나선 단체도 있었다. 그런데 지금 미국산 쇠고기를 먹으면 인간 광우병에 걸려 뇌에 구멍이 생길 위험이 있다고 생각하는 사람은 거의 없다. 그때 그 난리를 폈으면 적어도 그들 중 누군가는 아직까지도 미국산 쇠고기를 먹지 말자고 피켓을 들고 있어야 한다. 국민들의 목숨을 구하기 위해 자기 한 몸 희생하는 마음으로 외치고 나서야 하는데 그런 사람은 아무도 없다.

온 나라를 발칵 뒤집어놓은 그 사태에 대해 누구 하나 책임지는 사람이 없다. 아무리 생각해도 이는 상식 밖의 현상이며 그렇게도 열성적이던 집단 지성이 과연 이런 것인가 싶은 회의감마저 든다. 물론 당시 분위기에 휩쓸렸거나 군중 심리에 의해 광장에 쏟아져 나왔거나 혹은 선동에 속아 촛불 들고 나온 사람 모두에게 일일이 그 책임을 물을 수는 없다. 하지만 적어도 전문가 단체임을 자임하고 각종 소송에 앞장서온 민변은 일말이라도 책임지는 모습을 보였어야 했다. 그런데 민변이 이 문제에 대해 사과했다는 이야기를 들은 적은 없다.

민변이 제기한 쇠고기 고시 위헌 소송은 헌법재판소에서 합헌으로 결정 났다. 이 결정에 대한 민변의 논평 제목은 간결했다. '헌재의 결정을 개탄함'이었다. 논평문 안에는 더욱 험한 말들이 가득 담겨 있었다. '헌재에 대한 국민들의 신뢰를 배반'했다거나 '헌재 스스로 법치주의의 공백 상태를 자초한 것'이라며 헌재를

맹비난했다.

그런데 헌법재판소는 일개 변호사 단체가 그렇게 일방적으로 매도할 존재가 아니다. 헌법재판소는 헌법 질서를 수호하고 헌법에 명시한 대한민국의 정체성을 지키며, 국민 개개인의 자유를 지키는 것을 임무로 하는 기관이다. 소위 법조인의 모임이라는 민변이 앞장서서 헌법 수호 기관인 헌재의 위상을 이처럼 깔아뭉갤 수는 없는 일이었다. 물론 헌재의 기능이 사법의 정치화로 흐를 염려도 있다. 하지만 그런 우려는 정치적으로 풀어야 할 문제이지 소송 당사자가 취할 태도는 아니다. 헌법 재판도 공권력이고 이는 국민 주권 국가에서 국민이 부여해 준 권력이다. 그런 점에서 헌법재판소의 결정을 존중해야 하는 것이 민주 시민의 기본적인 태도이다.

그런데 민주 사회를 지향한다는 민변은 그렇지 않았다. 자신들의 이익에 반하는 판결이 나오자 곧바로 헌법재판소의 권위를 부정해버린 것이다.

2장

민변 사람들

민변에 어떤 사람들이 참여하고 있는지는 앞서 민변의 출범에 대한 기사에서 대략 밝힌 바 있다. 이들의 성향에 대해 양동안 교수(한국학중앙연구원 명예교수)는 다음과 같이 분석하였다.

"우리의 궁극적 목표는 사회주의와 통일의 실현이요, 나아가 더 높은 단계의 이상을 실현하는 것이다." 이런 과격한 혁명 활동을 하다가 검거된 사람들 가운데 3~4명이 사법시험에 합격하여 대한민국에서 지금 판·검사나 변호사를 하고 있다. 최근 국회 본회의장 입구를 불법 점거하여 국회의원들의 회의를 방해한 사건으로 기소된 민노당 당직자들에 대해 공소 기각 판결을 내려 사회적 물의를 일으킨 마은혁 판사도 그 중의 한 명인 것으로 알려졌다. '인민노련' 사건 관련자로서 사법시험에 합격한 인원은 3~4명이지만, 그와 유사한 여러 가지 혁명 운동 조직에서 활동하다가 사법시험에 합격한 인원은 그보다 크게 많을 것이다. 그리고 노골적으로 혁명 운동 조직에는 참여하지 않았지만 그런 혁명 운동에 동조적인 생각을 가지고 있으면서 사법시험에 합격한 인원은 한층 더 많을 것이다. 그 세 부류의 사법시험 합격자를 모두 합치면 그 숫자는 매우 많아질 것이다.

필자는 최근 법조계와 언론계에서 많이 언급되고 있는 '우리법연구회(우법연)'라는 판사들의 단체나 '민주사회를 위한 변호사 모임(민변)'이라는 변호사들의 단체가 위에서 말한 필자의 추론과 어떤 연관성을 갖고 있지 않을까 의심하고 있다(「뉴데일리」 2009년 11월 18일 '사법부의 운동권' 중).

민변의 대표적인 인물로는 노무현 전 대통령을 비롯하여 문재인, 박원순 서울시장, 박주현 전 대통령참여수석, 전해철 전 청와대 민정비서관, 김준곤 전 청와대 법무비서관, 박범계 전 청와대 민정2비서관, 고영구 전 국가정보원장, 강금실 전 법무부 장관, 김창국 전 국가인권위원장, 천정배 전 법무부 장관 등을 꼽을 수 있다.

「동아일보」에서는 이들을, '기존 세력에 반기를 들고 새롭게 등장한 소수파들'이라고 분석했다(2005년 7월 1일). 그런데 그들이 각

부문에서 아주 빠른 속도로 권력의 핵심을 차지한 것은 역시 노무현 정권이 들어선 이후였다. 그들은 정권이 바뀐 지금까지도 각계각층에서 지대한 영향력을 발휘하고 있다.

이제 언론에 실린 글들을 통해 대표적인 민변 사람들의 면면을 살펴보자.

노무현 전 대통령

노무현 전 대통령은 임기 초반부터 대통령의 품위에 어울리지 않는 말을 많이 한 것으로 유명하다. 역대 대통령으로서는 처음으로 그는 평검사와의 공개 토론을 제의했다. 텔레비전을 통해 전 국민에게 방송되는 그 자리에서 노무현 전 대통령이 했던 "이제 막 가자는 거지요?"라는 말은 아직까지도 유행어 목록에서 사라지지 않고 남아 있다.

노무현 전 대통령은 대학교를 졸업하지 않고 사법고시에 합격한 입지전적인 인물이다. 그는 판사를 거쳐 변호사에 입문했던, 우리나라 최초의 법률가 출신 대통령이다. 또한 대통령 취임식에서 헌법을 준수하겠다는 선서를 한 사람이기도 하다. 그런 그가 대한민국의 최상위법인 헌법을 두고 "그놈의 헌법"이라고 표현했다. 그는 대체 헌법을 얼마나 우습게 생각하고 있었던 걸까?

「조선일보」는 그를 일컬어 '망언의 종착역'이라고 하며 다음과 같은 기사를 게재하였다.

헌법재판소가 노무현 대통령이 정치적 자유를 침해당했다며 낸 헌법 소원에 대해 합헌 결정을 내린 뒤 한 재판관은 '나중에 헌법 교과서에 실릴 만큼 중요한 결정문이니 찬찬히 읽어 보라.'라고 했다. …… 바로 5년 전 2월 25일 '나는 헌법을 준수하고 국가를 보위하며…'라고 취임 선서를 한 대한민국 최초의 법률가 대통령의 입에서 나온 말들이다. 이렇게 헌법과 법률을 조롱하는 듯한 문제 발언 전후에는 '꿀리지 않고' '제가 무슨 코미디언입니까? 왜 자꾸 웃어요?' '공직 사회는 언론의 밥이 되고' 등 노 대통령의 품격이 묻어나는 표현들이 등장한다.

그래도 나중에 이 결정문을 공부할 법학도들을 위한 배려 덕인지, '캬, 토론 한번 하고 싶은데 그놈의 헌법이 못하게 해요.'라는 참평포럼 강연 대목을 결정문에서 생략하지 않은 게 다행이다.

이 결정문을 읽다 보면, 헌재가 전에 이미 노 대통령에게 '선거에서의 정치적 중립 의무가 있다.'라고 선언한 적이 있는데 대통령은 왜 또 다시 헌법 소원까지 냈을까 의아해진다.

제17대 총선을 앞둔 2004년 3월 3일 노 대통령은 '국민이 압도적으로 열린우리당을 지지해 줄 것을 기대한다.'라고 말했다가 선관위로부터 '공직 선거법 위반'이라는 결정을 받았다. 또 이것이 비화돼 사상 최초의 현직 대통령 탄핵안 가결로 이어졌다. 2004년 5월 14일 헌재는 이 탄핵안을 기각하면서 '대통령은 국민 전체에 대한 봉사자라는 헌법 요청에 부합할 수 있도록 선거에서의 정치적 중립 의무를 구속받는다.'라고 명시했던 것이다.

노 대통령이 당시 이런 결정을 받고도 작년 6월 21일 헌법 소원을 낸 것은 그 사이 재판관 아홉 명 전원이 바뀌었고, 그들에게 자신이 임명장을 주었기 때문에 다른 결론이 나오리라 기대했기 때문일까. 하지만 이번에도 결론은 마찬가지였다. 재판관 아홉 명이 모두 노 대통령의 임명장을 받았지만 무려 일곱 명이 등을 돌렸다. 노 대통령의 헌법 소원 취지와 똑같이 '위헌' 의견을 낸 이는 사법시험 17회 친구인 조대현 재판관과 민변 회장을 지낸 송두환 재판관뿐이다. 아마도 '그놈의 헌법' 발언으로 상징되는 노 대통령의 비뚤어진 헌법관(憲法觀)과 품격이 재판관들의 배신을 몰고와 지극히 상식적이고 당연한 판결을 내림으로써 조롱당한 헌법과 헌법 정신을 바로 세우도록 작동했을 것이다(「조선일보」 2008년 1월 20일).

박원순 서울시장

박원순 서울시장이 변호사이던 1994년 그는 사회 저명인사 200여 명을 모아 참여연대라는 시민단체를 만들었다. '참여와 인권이 보장되는 민주사회'를 기치로 내건 참여연대는 그 명칭 자체에, 국가 권력의 남용과 재벌의 횡포, 그 밖의 모든 권리 침해를 용납하지 말고 시민 스스로 연대를 맺어 권리와 정의를 찾아 나서자는 뜻을 담고 있다.

그는 2002년까지 참여연대 사무처장으로 활약하며 대기업 주주총회에서 소액 주주 권리찾기 운동을 벌이기도 했다. 인권 변호사를 자처하며 권인숙 성고문 사건, 미국 문화원 사건, 한국민중사 사건, 「말」지(誌) 보도 지침 사건, 서울대 우조교 성희롱 사건 등의 변론을 맡기도 했다. 2002년 이후로는 그가 만든 또 다른 시민단체인 아름다운재단과 아름다운가게 상임이사를 맡아 활발한 활동을 펼쳐왔다.

그런데 참여연대는 '재벌의 횡포'를 막겠다고 했지만 아름다운재단은 재벌의 기부에 의해 운영되고 있다. 폭로가 전문인 참여연대의 영향력과 재벌의 기부가 아무런 연관이 없는 걸까? 연관 여부를 떠나서 재벌을 비난하면서 그들로부터 거액의 기부금을 받아 챙기는 것은 명백하게 이율배반적 행동이다.

또 시민단체를 운영하며 약자의 편에 서서 사심 없이 살아갈 것처럼 보였던 그는 대선 출마의 중간 단계라는 서울시장 자리에 앉았고 2014년 재선에 성공했다. 여기에 이르러서 볼 때 그에게 사심이 없다고 할 수 있을까?

아래는 『유령과의 역사 투쟁』이라는 책에 실린 박원순 시장과 참여연대에 대한 시각이다.

보수 진영의 부담 중의 하나는 재벌을 옹호한다는 편견이다. 아인랜드의 책에서도 잘 묘사돼 있듯이 모든 대기업이 시장 옹호자인 것은 아니다. 아니 오히려 일부 대기업은 정부와의 야합을 통해 시장이 아닌 독점을 통해 '기생 이윤'을 창출하려 시도한다. 이 경우 이들의 주된 활동은 시장에서의 경쟁이 아닌 정치에 '빨대 꽂기'인 것이며 이는 우리 보수주의자의 시장 옹호 가치와 정면으로 충돌하는 것이다. 더욱 큰 문제는 박원순의 참여연대 사례에서 보여주는 것처럼 '협찬'이라 불리는 '삥'뜯기기의 결과가 자신들의 도살자를 양육시킬 뿐이라는 사실을 깨닫지 못하고 아직도 이른바 '길들이기'에 희망을 품고 있는 순진한 사람들이 있다는 점이다(황성준, 『유령과의 역사 투쟁』 p.103.).

송호창 변호사

송호창 변호사는 민변 사무처장을 지낸 핵심 인물이다. 그가 본격적으로 언론에 오르내린 것은 촛불 시위 피해 상인에 대한 그의 발언 때문이다. 그는 광화문 상인들이 촛불 시위 덕분에 돈을 많이 벌었다고 주장하였다. 10시, 11시에 문을 닫던 상점들이 그 전에 문을 닫는 것은 이미 물건이 다 팔렸기 때문이라는 것이었다. 그래서 그는 과거 한 달 동안 벌 돈을 촛불 시위하는 날 하루에 다 벌어들였다고도 말했다. 또 촛불 시위에 반대하고 나선 사람들은 광화문 상인들이 아니라 다른 지역 상인이라는 말도 했다. 그들을 '동원된' 세력으로 본 것이다.

그런데 과연 송호창 변호사의 말이 사실일까? 실상 광화문 상인들은 하루에 몇 백만 원씩 손해를 보고 있었다. 또 일찍 문을 닫은 것은 손님을 받을 수 없기 때문이었다. 시위대로 길이 막히고 전경들과 얽혀 아수라장이 된 광화문에 와서 돈을 쓰고 갈 사람이 현격히 줄어들 것임은 변호사가 아니라도 알 만한 일이다. 그러나 약자를 돕는다는 민변의 송호창 변호사는 약자의 하나인 광화문 상인들의 가슴에 대못을 박아버렸다.

다음은 송호창 변호사의 발언과 관련한 신문 사설이다.

서울 광화문 일대 상인들은 두 달 넘게 계속된 촛불 시위로 영업을 망치고 시위를 주도한 '광우병국민대책회의'를 상대로 집단 소송을 준비하고 있다. 당초엔 소송까지 생각했던 건 아니었는데 지난 6일 TV 토론에 나온 민변 사무차장 송호창 변호사의 궤변을 듣고는 도저히 참을 수 없었다고 한다.

송 변호사는 토론에서 '보통 10시, 11시에 문 닫던 식당들이 지금은 9시 전에 문을 닫는다. 그전에 물건이 다 팔려나가서 과거 한 달 매출을 지금 하루 만에 다 얻고 있는 실정'이라고 했다. 그는 또 '(촛불 반대 시위를 벌인) 그 상인들이 광화문 상인이 아니었던 걸로 알고 있다. 강북이나 강동 같은 다른 지역에 있는 분들'이라고 했다. 말하자면 동원된 사람들이라는 것이다.

광화문 상인들은 송 변호사 얘기에 억장이 무너지는 듯 했다고 한다. 광화문 한 슈퍼마켓은 시위 기간에 거의 매일 300만원씩 매출 손실을 봤다. 저녁

8시만 넘으면 시위대에, 또 경찰버스에 포위돼 문을 닫다시피 했다. 천막도 망가지고 벽면 대리석도 떨어져 나갔다. 부근 음식점들도 저녁 손님을 받지 못했다. 저녁마다 거리가 매일같이 불통인데 누가 광화문에 와서 모임을 가지려 했겠는가. 한 스파게티 집은 매출이 10분의 1로 떨어졌다고 한다. 송 변호사 얘기처럼 시위 때문에 재미를 본 업소가 있다면 몇 군데 편의점과 생맥줏집 같은 곳이었을 것이다. 법률 전문가란 사람이 1%가 재미 본 걸 가지고 99%가 손해 본 걸 감추려 한다면 정직성에 심각한 문제가 있다는 말이다.

촛불 반대 시위를 '동원된 시위'라고 한 발언도 광화문 상인들의 자존심을 깔아뭉갰다. 민변은 '약자와 소수자 권익 보호'를 명분으로 출범한 단체다. 그런 민변 소속 변호사란 사람이 자신들의 이데올로기에 눈이 어두워 시위대에 짓밟힌 약한 상인들의 생계를 못 본 체하며 궤변을 둘러댄 것이다(「조선일보」 2008년 7월 10일 사설, "민변 변호사 '촛불 시위로 광화문 상인들 돈 벌었다.'" 중).

이정희 통합진보당 대표

이정희 대표는 제18대 총선에서 민변의 추천으로 민주노동당 비례대표 3번을 받아 국회의원이 되었다. 한때 사람들은 이정희 대표를 일컬어 '진보의 아이콘'이라 불렀다. 서울대학교 공법학과를 나온 그녀는 사법연수원을 졸업한 후 변호사로 일하기 시작했다. 그녀는 스스로 인권 변호사를 표방했지만 2007년 노동 탄압 사업장인 제주 P사업장의 사측 변론을 맡은 사실이 있음이 밝혀졌다. 회사 쪽 대리인을 맡았던 변호사 이정희는 이 소송에서 사실상 노조의 패배를 이끌어냈다.

그런데 노조를 탄압하던 회사 편에 섰던 이정희 변호사는 이 소송이 끝난 지 1년도 못되어 노동자의 권익을 제1로 내세우는 민주노동당의 국회의원이 됐다. 그리고 지금은 통합진보당의 대표로 2012년 대선 때는 대통령 후보로 출마하기도 했다.

막판에 포기 선언을 했지만 대선 당시 이정희 대표는 텔레비전 토론회에 나가 "나는 박근혜 대표를 떨어뜨리려고 출마했다." 라고 당당히 말하기도 했다. 그녀의 지지율은 0.7%에 지나지 않았지만 당시 박근혜, 문재인 대표보다는 텔레비전 토론의 혜택을 가장 크게 본 후보로 알려졌다.

그가 통진당의 비례대표 부정 선거 사건 등으로 위기에 처했을 때 어떻게 대처했는지를 알려주는 기사를 소개한다.

발을 빼려 할수록 오히려 깊은 늪 속으로 빨려 들어가는 듯하다. 당의 비례대표 부정 선거 파문 그리고 사태 발생 후 수습 과정에서 보여준 편파적, 종파주의적 행보 때문이다. '진보의 아이콘'인 이정희 대표와 통합진보당이 치유되기 어려운 치명상을 입었다. 도덕성이 생명이라는 진보 진영의 간판들이기에 부정 선거 논란은 파문을 넘어 충격 그 자체다.

이 대표 개인적으로는 지난 4.11 총선 직전 서울 관악을 지역의 야권 단일 후보 경선 과정에서 여론 조사 조작 파문에 이어 두 번째 부정 시비에 휘말렸다. 당시 이 대표는 후보 사퇴 결정으로 급한 불은 껐지만 대중의 실망감은 이만저만 아니었다.

총선 후 몸을 추스르는 듯하던 이 대표가 다시 비틀거리고 있다. 부정 선거의 배후로 이 대표가 이끌던 구 민주노동당 계열이 지목되면서 사태가 일파만파 확산되고 있다. 현재 통합진보당의 부정 선거 의혹은 정국의 모든 이슈를 빨아들이는'블랙홀'과도 같다.

하지만 당의 얼굴 격이자 당권파인 이 대표는 지난 8일 비례대표 부정 경선 진상 조사를 반박하는 공청회에서 '유죄 증거가 없으면 무죄'라며 당권파 변호에만 치중했다. 이 대표는 지난 9일에도 한 라디오에 출연해 '진상 조사 보고서를 깨끗한 눈으로 봤더니 사실 확인이 전혀 없는, 무고에 기초하고 있기 때문에 받아들일 수 없다.' '진상조사위가 당 전체에 대해 누명을 씌운 것'이라며 비당권파가 제기하는 부정 선거 의혹을 일축했다(「주간한국」 2012년 5월 11일 '촉망받던 진보 아이콘 정치 생명 최대 위기' 중).

김승교 변호사

민변 출신 변호사로 민주노동당 중앙위원, 남북공동선언실천연대 상임 대표를 지낸 김승교 변호사는 통합진보당 비례대표 부정

경선 사태에 1차적 책임이 있는 사람으로 언론에 오르내렸다. 그가 진보당 중앙선관위원장을 지냈기 때문이다. 옛말에 "보수는 부패로 망하고 진보는 분열로 망한다."고 하였다. 그런데 진보의 최일선에 서있다는 사람들이 부정과 부패에 휘말린 이 사건을 어떻게 해석해야 할까?

다음 기사는 김승교 변호사의 이력을 잘 말해준다.

4.11 총선 비례대표 부정 선거 의혹 진상조사위원회가 2일 조사 결과 발표에서 이번 부정 경선 사태와 관련해 당 중앙선거관리위원회에 1차적 책임이 있음을 분명히 함에 따라 당 선관위원장인 김승교 변호사(44)가 주목받고 있다.

김 위원장은 지난 2월 3일 열린 전국운영회의에서 만장일치로 새 선관위원장에 임명됐다.

제18대 총선에서는 민주노동당 후보로 서울 도봉갑 지역구에 출마했다가 낙선하는 등 현 통합진보당 내에서는 당권파와 가까운 것으로 분류된다.

김 위원장은 남북공동선언실천연대 상임 대표 활동이 문제가 돼 국가보안법 위반 혐의로 불구속 기소됐고 2010년 8월 2심에서 1심과 마찬가지로 징역 2년, 집행유예 4년, 자격정지 2년을 선고받은 뒤 대법원 판결을 기다리고 있다. 대법원은 남북 평화 통일에 기여하겠다는 목적으로 2000년 출범한 남북공동선언실천연대에 대해 2010년 7월 국가보안법 상 이적단체에 해당한다는 판단을 내린 바 있다.

김 위원장이 이끄는 당 중앙선관위는 3월 14일부터 18일까지 온라인 투표와 현장 투표를 합산하는 방식으로 진행된 비례대표 경선에서 대리 투표 의혹 등 선거 관리 부실 문제가 발생하자 3월 19일 문제가 된 7곳 투표소의 611표를 무효 처리한 바 있다.

하지만 조준호 진상조사위원장이 이번 비례대표 경선을 총체적 부실·부정 선거로 결론지음에 따라 김 위원장에 대한 책임론이 불거질 가능성이 커졌다(진성훈 기자, 『서울신문』 2012년 5월 3일, '진보당 부정 경선 1차적 책임, 당 중앙선관위원장은 누구?' 중).

김창국 변호사

김창국 변호사는 국가인권위원회 제1대 위원장을 지냈다. 그는 민변 간사, 참여연대 공동 대표, 희망제작소 이사장 등을 지낸 좌파 시민단체의 거두이다. 다음 기사로 그의 이력소개를 대신한다.

초대 인권위 수장으로 3년 임기를 모두 채운 김 전 위원장은 현재는 민주통합당 문재인 후보 캠프의 후원회장을 맡아 '돈 줄'을 쥐고 있다. '좌우' 없이 인권만을 위해 일하겠다던 사람이 화려하게 정치인으로 거듭난 셈이다.

인권위원장 당시에도 논란의 중심이 되었다. '정실 인사'로 줄서기·줄

대기 의혹을 받았고 워크숍을 간 위원들이 2인1실로 배정된 호텔방을 보고 버럭 화를 내는 등 '권위주의'라는 비판을 받았다. 서민 인권보다는 자신들의 권위를 내세우기 바빴다는 말이다.

가장 큰 문제점은 좌파 정권의 기조 그대로 '북한 인권'에는 아예 눈을 감았다는 점이다. 당시 일본의 산케이신문이 인권위 보고서를 입수해 보도한 내용은 가히 충격적이었다.

"한국의 국가 기관인 '국가인권위원회'가, 북한의 인권 문제에 냉담한 이유가 내외에 문제로 되어 있는데, 그 배경에는 시민단체의 압력 내지 방해가 있음이 밝혀졌다. 한국의 이른바 시민단체가 어떻게 친북적으로 정치적으로 편향되어 있는가를 말해주는 것으로서 세론을 놀라게 하고 있다.…… 한국의 시민단체의 다수는 노무현 정권의 주변에 위치하여, 정권 지지 세력으로 되어 있다. 좌파 내지 친북파가 주도하고 있으며, 모든 정치 문제에 개입하여 반미·반일에서도 선두에 서 왔다."(안종현, 「뉴데일리」 2012년 8월 1일, '국가인권위원회 제1대 위원장 김창국, 요즘 뭐하나 봤더니' 중).

최영도 변호사

김창국 변호사와 사시 동기인 최영도 변호사는 민변 회장을 지냈고 역시 참여연대 출신이다. 최영도 변호사는 국가인권위원회 제2대 위원장을 지냈다. 그런데 그는 85일 만에 그 자리에서 물러

나야 했다. 땅 투기 및 위장 전입 등 이른바 부정부패를 저질렀기 때문이다. 이런 일들을 막겠다던 참여연대, 이런 일들에 피해를 입은 약자들을 변호하겠다던 민변의 핵심 인물들이 부정과 위법한 일들을 자행한 사례를 보면 마치 청렴하고 깨끗한 손으로 부패한 세상을 청소할 것처럼 자신들을 포장한 민변의 구호들이 얼마나 허위적인가를 적나라하게 보여준다.

최영도 전 위원장은 수십억 원대의 땅 투기 의혹으로 임기 석 달 만에 사실상 '낙마'했다. 자신은 물론 부인과 아들 등 가족이 위장 전입해 농지를 매입했고 이를 통해 수많은 부당 이익을 취했다는 의혹 때문이었다. 결국 이 의혹은 사실로 드러났고 그나마 85일 만의 사퇴 선언도 둘째와 셋째 아들의 재산 형성 과정으로 논란이 번지면서 내린 결정이라는 지적을 받기도 했다. 특히 당시 최 위원장을 내정한 청와대는 이를 미리 파악하고서도 인사를 밀어붙였다는 비판에 곤욕을 치렀다(안종현, 「뉴데일리」 2012년 8월 1일, '국가인권위원회 제2대 위원장 최영도, 위장 전입으로 85일만에 낙마' 중).

김종훈 변호사

김종훈 변호사는 '우리법 연구회' 창단 멤버이다. 1988년 창립된 우리법 연구회는 김 변호사와 강금실 전 법무부장관을 비롯해 열

명의 회원으로 시작했다. '양심적 병역 거부' 판결과 '가카새끼 짬뽕' 발언으로 물의를 빚은 이정렬 전 판사도 여기 회원이다. 참여정부 때 우리법 연구회 회원 10여 명이 대거 요직에 진출하여 노무현 정부의 중요한 '인재 풀' 역할을 했다.

김종훈 변호사는 1988년 김용철 당시 대법원장의 유임을 저지했던 '2차 사법 파동'과 1993년 서울 서부지원 판사 시절 '개혁 시대 사법의 과제'라는 글로 '3차 사법 파동'을 주도했다. 또 1996년 서울지법 판사를 끝으로 변호사를 개업한 뒤 2003년 대북 송금 특검보로 활동했다.

심재환 변호사

심재환 변호사는 통합진보당 이석기 의원의 변호인 중 한 사람이다. 이정희 통진당 대표의 남편인 심 변호사는 KAL858기 테러 사건이 조작됐다고 말하거나 북한 주장에 동조하는 발언을 해 물의를 일으키기도 했다. 다음은 심재환 변호사 관련 기사이다.

심재환 변호사는 2003년 11월 당시 KAL858 진상규명대책위원회 소속으로 MBC PD 수첩에 출연해 "김현희는 완전히 가짜"라며 조작설을 주장했다. 그는 "어디서 데려왔는지 모르지만 절대로 북한 공작원, 북한에서 파견

한 공작원이 아니라고 우리는 단정을 짓는다."라고 말했다. 노무현 정부 시절 국정원 과거사 진실위 등이 KAL기 사건 조작설을 조사했지만 "근거 없다."라는 결론이 나왔다.

심 변호사는 2012년 9월 이정희 대표가 대선 출마를 선언하던 날 음주 운전 단속에 걸려 면허 취소가 돼 구설수에 오르기도 했다. 또 작년 9월 24일 자신의 사무실 앞에서 1인 시위를 하던 탈북 여성에게 "하루 일당은 얼마씩 받느냐. 어느 단체에서 왔느냐?"라고 발언해 탈북 단체의 거센 반발을 샀다.

심 변호사는 이석기 의원과는 인연이 깊다. 2002년 민혁당 사건으로 구속된 이 의원을 변호한 데 이어 2004년 한나라당(현 새누리당) 박진 의원이 국감 자료에서 이 의원을 간첩 명단에 포함하자, 명예가 훼손됐다며 소송을 제기해 500만 원 배상 판결을 받아내기도 했다. 27일 이 의원에 대한 변호인 반대신문을 진행한 것도 그였다.

그는 2003년 북한 노동당 정치국 후보위원이었던 송두율 씨의 국가보안법 사건, 2006년 386간첩단 사건인 일심회 사건, 2011년 왕재산 간첩단 사건 등 주요 국보법 사건 때마다 변호인 명단에 이름을 올렸다. 2012년에는 천안함 침몰 사건 관계자들의 명예를 훼손한 혐의로 불구속 기소된 신상철 서프라이즈 대표의 변호도 맡았다(「조선일보」 2014년 1월 28일).

김칠준 변호사

김칠준 변호사는 내란 음모 사건 제보자인 이모 씨에 대한 반대신문을 주도했다. 대입 검정고시 출신으로 성균관대 법대를 졸업한 김 변호사는 행정고시와 사법시험을 함께 합격했다. 후보자 매수 혐의로 기소된 곽노현 전 서울시 교육감과 시국 선언 교사의 징계를 유보한 혐의로 기소된 김상곤 경기 교육감의 직무 유기 사건을 변호했다. 참여연대 작은권리찾기운동본부 집행위원장과 국가인권위 사무총장(2007~2009년)을 지냈다. 경기도 교육청 고문 변호사, 경기지방노동위원회 공익위원, 경기복지시민연대 공동 대표 등을 지내며 주로 경기 지역에서 활동해왔다(「조선일보」 2014년 1월 28일).

장경욱 변호사

민변 소속인 장경욱 변호사는 왕재산 간첩 사건 당시 핵심 증인이던 C 교수를 찾아가 "조사받게 되면 묵비권을 행사해 달라."라고 요청해, 변호인이 사건을 은폐하려 했다는 논란을 불러일으킨 장본인이다. 작년 말 독일 포츠담에서 북한 대남 공작 부서인 통일전선부 산하기관 인물들과 함께 참석한 세미나에서 "한반도 불안은 미국과 남한 탓"이라는 취지로 말해 고발당한 상태다(「조선일보」 2014년 1월 28일).

민변 사람들이 정계는 물론 사회 각층에 깊숙이 관여하며 적극적으로 활동하고 있는 것을 보면 그들이 단순히 인권을 보호하는 변호사 단체에 머물러 있지 않음을 알 수 있다. 민변은 확연한 정치 집단이며 정권 획득과 유지를 목적으로 하는 단체임에 분명하다. 따라서 대한민국 국민이라면 인권을 앞세워 정권을 잡으려 획책하는 민변의 본 모습이 무엇인지 제대로 파악할 필요가 있다.

2부
민변의 궤변

1장

궤변의 의미

궤변을 정확히 이해하는 자료로 정민, 강민경, 박동욱, 박수밀이 공저자로 참여한 도서 『살아있는 한자 교과서』를 참고해 보았다.

궤(詭)라는 글자는 말을 나타내는 언(言)자와 위험하다는 뜻의 위(危)자를 합한 글자이다. '궤(詭)'자는 '속이다.' '기만하다.' '어그러지다.' '헐뜯는다.'는 등의 뜻을 담고 있다. 속임수가 있는 말은 위태롭고 위험하다. 그럴듯하게 들린다고 무조건 믿어서는 안 되는 것이 '궤'자의 숨은 뜻이다. 변(辯)자는 두 명의 죄수(辛)가 자신이 죄가 없다는 것을 증명하려고 따져 말하는(言) 모습을 담은 글자로서 일의 옳고 그름을 말로 따져서 가린다는 뜻을 담고 있다.

변(辯)자에는 '말 잘한다.' 또는 '바로잡는다.'는 뜻이 담겨 있다.

글자를 종합해보면 궤변(詭辯)이란, 얼핏 들으면 그럴듯하지만 따져 보면 이치에 맞지 않는 억지스러운 말인 것이다. 궤변의 예로는 다음과 같은 일화를 들 수 있다.

어떤 사람이 남의 소를 훔쳐서 관가에 끌려갔다. 왜 남의 소를 훔쳐 갔느냐고 묻자 소도둑은 "길을 가는데 길에 웬 노끈이 떨어져 있기에 그 노끈을 주워간 것뿐입니다."라고 대답했다. 소를 훔치려 한 것이 아니라 버려진 노끈을 주워간 것이니 죄가 없다는 주장이다.

또 이런 얘기도 있다. 어떤 사람이 흰색은 색이 아니라고 하자 사람들이 고개를 끄덕였다. 그러자 궤변론자가 말했다.

"흰색은 색이 아닙니다. 그러니 흰말은 말이 아닙니다."

이 일화에 관련해서는 '白馬非馬(흰말은 말이 아니다).'라는 고사성어도 있다.

또 이런 궤변도 있다.

"네가 만약 살 운명이라면 굳이 약을 쓰지 않아도 살 것이고, 반대로 죽을 운명이라면 아무리 좋은 약을 쓴다 해도 결국 죽을 것이다. 그러므로 살려고 아둥바둥할 필요도 없고 약을 쓸 필요도 없다."

이는 딜레마의 궤변론이다. 고대 그리스에서는 궤변론자를 소피스트라고 불렀는데 그들은 교묘한 논리로 범죄자를 변호하고 그런 논법을 청소년들에게 가르쳐 그 교습비로 먹고 살기도 했다. 그런 소피스트들을 소크라테스는 "너 자신을 알라."라며 비판했다.

궤변론자들은 궤변을 늘어놓아 상대방을 속인다. 참인지 거짓인지 헷갈리게 만들거나 상대방이 거짓인 줄 알면서도 반박할 수 없게 만들기도 한다. 궤변의 목적은 대중의 판단을 혼란케 하여 자신의 이익을 얻는데 있다. 또한 제 이익을 위해 억지를 부리거나 제멋대로 둘러대는 수단이 궤변인 것이다.

2장

민변 사람들을 왜 궤변론자라 하는가?

헌법재판소의 판결 혹은 결정문에 대한 민변의 태도는 궤변론자의 논리와 닮아 있다. 예를 들어 헌법재판소의 결정을 무시하는 검찰의 태도를 규탄하거나 특정 판결에 대한 지지 성명은 적어도 민변이 헌법재판소의 판결을 존중한다는 또 다른 표현임에 틀림없다. 당연하다. 법치와 자유민주국가에 사는 국민이라면 헌법재판소뿐만 아니라 대법원 그리고 하위인 고등법원이나 지방법원의 판결에 대해서도 존중해야 한다. 이것이 민주 시민의 기본 양식이다.

그런데 민변 사람들이 그런 기본 양식을 갖추고 있는지 의심스러운 일들이 가끔 일어난다. 소속 회원 모두가 법률가 혹은 법률학자들로 구성되어 있어 법의 중요성에 대해서는 그 누구보다도 잘 알고 있을 집단이 바로 민변이다. 그들은 전문성이 강하다는 평가를 받고 또 많은 이의 부러움을 살만한 지위를 누리는 사람들이다. 그런데도 민변 사람들은 민주 시민의 일반 상식에도 못 미치는 태도를 곧잘 보여주곤 한다.

그들은 때로 헌법재판소의 결정을 존중하라고 요구했다가 자신들의 뜻에 맞지 않는 결정이 내려지면 '유감이다.' 헌법재판소를 '규탄한다.' 등의 표현을 서슴지 않는다. 심지어 수시로 '개탄'하고 아예 헌재의 결정을 '놀이'라고 폄하하기까지 한다.

아래의 내용은 헌법재판소의 결정을 지키지 않는다며 검찰을 질타하며 민변이 보여준 태도이다

우리는 검찰이 이번 헌법 불합치 결정을 그간 집시법을 헌법상 기본권인 집회의 자유를 보장하는 법률이 아니라 이를 통제하고 금지하는 법률로 해석·집행해온 관행에 대한 반성과 일대 개혁의 계기로 삼기보다는 여전히 헌법재판소의 결정마저 무시하려는 태도에 개탄하지 않을 수 없다(2009년 9월 25일).

민변은 야간 집회 금지 규정의 헌법 불합치 결정을 이끌어낸 후 검찰이 이 결정의 취지를 무시한다고 개탄했다. 이 내용만 보

면 민변이 헌재의 결정을 절대적인 것으로 존중하는 듯하다. 그런데 이 사건이 있기 불과 9개월 전에 민변은 헌재의 결정에 대해 개탄한 바 있다. 민변은 자신들의 입맛에 맞는 판결과 결정문에는 환영을 보내고 그렇지 않으면 헌법재판소의 권위 자체를 무시해버린다. 이런 태도를 보이는 민변은 법률가 단체가 아닌 정치 투쟁 조직이라 할 수 있다.

다음은 아예 "헌재의 결정을 개탄한다."는 제목으로 시작한 민변의 또 다른 논평이다.

오늘 헌법재판소가 미국산 쇠고기 위헌 확인 사건에 대하여 한 기각 결정은 국민의 기본권 보장의 최후 보루인 헌재가 스스로 자신의 권한을 다하지 아니한 것으로서 심히 유감이다. 지난 6월 9만 6,000여 명의 국민 소송 청구인단은 미국산 쇠고기 고시의 시행으로 인해 침해되는 국민의 건강권, 행복추구권, 국민 주권과 적법 절차의 원리의 침해를 바로 잡아줄 것을 바라는 마음으로 헌재의 문을 두드린 것이다. 청구인들은 농림부 장관의 고시 강행으로 인해 심각하게 침해되고 있는 국민의 기본권과 헌법 질서가 헌재에 의해 온전히 회복될 수 있으리라 신뢰하였다. 그러나 헌재는 오늘 이 사건에 대하여 기각 결정으로 답함으로써 헌재에 대한 국민들의 신뢰를 배반하였다(2008년 12월 26일).

이 논평에서 민변은 "헌법재판소가 국민들의 신뢰를 배반했다."라는 무시무시하고 자극적인 말을 썼다. 문제는 민변이 법률가 집단이라는 점이다. 법률 전문가들이 하는 말 한 마디 한 마디는 비전문가인 일반 국민들에게 커다란 영향을 미치게 마련이다. 그런데 민변 사람들은 사회지도층으로서의 양심이나 기본 양식에 따라 공정한 입장에서 행동하는 것이 아닌, 자신들의 이익에 좌우하여 '기본'을 이리저리 휘두른다. 두려운 것은 민변 사람들이 "헌법재판소가 국민들의 신뢰를 배반했다."라고 말하면 많은 사람이 "정말 그런가 보다."라고 생각한다는 점이다.

사실 헌재의 결정이라 할지라도 사안에 따라 갑론을박이 충분히 가능하다. 물론 반론을 펼칠 수도 있다. 그러나 최종 결정에 대해서 존중하는 태도는 반드시 지켜야 한다. 그것이 법치주의 국가의 국민 태도이다. 이런 기본을 무시하면 법치주의를 지켜나갈 수 없다. 법치국가만이 국민의 기본 인권을 지킬 수 있음은 당연한 일이다. 또 갑론을박하는 자세도 중요하지만 법률가 단체로서의 품위와 지켜야 할 예절은 지켜야 한다. 그런 차원에서 헌법재판소를 향한 '개탄'이라는 용어는 적절치 못하다. 이는 법률가 단체로서 법치를 수호하기보다는 상대방과 싸우겠다는 전투적인 언행과 다름없기 때문이다.

이날 이후 민변은, 표면적으로는 헌법재판소의 쇠고기 고시 합헌 결정을 받아들일 수밖에 없었다. 그러나 그들이 완전히 승복한 것은 아니었다. 그들은 주장과 태도를 바꾸지 않고 또 다른 트

집을 잡아 한미FTA를 저지하려 노력했다.

민변 회원들의 상당수는 한때 정부의 요직을 두루 섭렵했던 사람들이다. 그런데 자신들과 다른 성향을 가진 정권이 들어선 후부터는 정부가 하는 일의 반대편에 서서 민중을 선동한다. 그들은 정부에 대해 분노한 대중 앞에 항상 나타나 그날 시위의 이슈가 무엇이든 상관없이 자신들의 주장을 끌어다 붙이곤 한다.

다음은 2011년에 있었던 한진중공업 정리 해고 사태에 대한 민변의 논평이다. 그들은 이 자리에서도 한미FTA 저지 투쟁과 강정마을 해군 기지 반대를 선동했다.

> 그럼에도 시민과 노동자들이 연대해 만들어낸 희망버스는 자본과 권력에 대항하여 승리하는 경험을 만들어냈다. 노동자들의 생존권을 지켜내기 위한 시민과 노동의 연대는 그 자체로 감동이었다. 그 연대는 강정마을 해군 기지 반대로, 한미FTA 저지 투쟁으로 확장되어야 한다. 이제 노동자들과 노동 운동이 협소한 자신의 이해 관계를 넘어 시민의 문제이자 우리 모두의 문제에 함께 나서야 할 때이다(2011년 11월 10일 민변 논평, '한진중공업 정리 해고 사태에 대한 노사 타결을 환영하며' 중).

이 글을 보면, 민변 사람들은 문제의 핵심인 노동자의 고용 문제보다는 해군 기지 반대나 한미FTA 저지를 더 중요하게 생각하는 것 같다. 민변의 관심사는 이미 노동자들의 복리보다는 어떻게 하면 그들을 자신들의 주장에 동조시켜 선동할까 하는 데 가 있는 것 같다. 즉 노동자의 고용 문제에서 시작했지만 그 귀착점은 그와 무관한 정치적 문제로 귀결된다는 점이다. 민변 사람들을 궤변론자라고 일컫는 이유 중 하나가 바로 이런 점이다. 궤변론자의 특징 중 하나는 어떤 대화든 결국 자신이 원하는 방향으로 이끌어간다는 것이다.

다음은 민변 사람들이 '환영'한 판결과 '개탄' 또는 '규탄'한 판결들이다. 이 내용들을 보면 민변이 헌재나 대법원의 판결과 결정을 어떤 기준에서 평가하는지 알 수 있고 또한 그 어휘들을 보면 그들이 사법 기관을 얼마나 우습게 생각하는지도 확연히 알 수 있다.

민변이 환영한 사안

· 대한문 앞 집회가 헌법이 보장한 권리임을 확인한 판결(2013년 12월 6일)
· 예술과 표현의 자유에 대한 가치를 정확히 통찰한 무죄 판결(2013년 10월 2일)
· 탈북 화교 남매 간첩 사건에 대한 법원의 무죄 판결(2013년 8월 22일)

- 시위대에 대한 변호인의 접견교통권을 다시금 확인해 준 항소심 판결(2013년 1월 25일)
- 홍대 경비, 청소 노동자들에 대한 손해 배상 청구를 기각한 판결(2012년 4월 20일)
- 현대자동차 불법 파견 사실을 확인한 대법원 판결(2012년 2월 23일)
- 한명숙 전 총리에 대한 무죄 판결(2011년 11월 1일)
- 권영국 변호사에 대한 무죄 판결(2011년 10월 20일)
- 대법원의 이시우 작가에 대한 국가보안법 무죄 선고(2011년 10월 14일)
- 이주 노조위원장에 대한 처분 취소 소송 판결(2011년 9월 15일)
- 원풍산업 노동 탄압 사건에 대한 국가 배상 판결(2011년 6월 23일)
- 일제고사 거부 교사에 대한 해임 무효 확정 판결(2011년 2월 11일)
- 허위 통신을 처벌하는 전기통신기본법 위헌 결정(2010년 12월 28일)
- 유신 헌법 자체가 위헌임을 확인한 대법원 판결(2010년 12월 16일)
- PD수첩 항소심 무죄 판결(2010년 12월 2일)
- 김상곤 전 경기도 교육감에 대한 무죄 선고 판결(2010년 7월 28일)
- 역사 교과서 출판사 임의 수정의 불법성을 인정한 판결(2009년 9월 14일)
- 법원의 미네르바 무죄 판결(2009년 5월 6일)

· 집시법 야간 옥외 집회 금지 조항에 대한 법원의 결정(2008년 10월 10일)

개탄한 사안

· 재벌 봐주기식 판정에 대해 거듭 개탄하지 않을 수 없다(2014년 1월 23일).
· 노회찬 의원에 대해 유죄를 인정한 대법원 판결(2013년 2월 14일)
· 남북 간의 화해와 통일에 역행하는 부당한 판결(2012년 10월 12일)
· 자신들이 추천한 후보조차 지켜내지 못한 민주당에게는 원내 대표진의 무능을 개탄(2012년 2월 9일, 조용환 헌법재판관 후보자 선출 부결에 대해)
· 삼성 X파일 사건에 대한 대법원의 파기 환송 판결(2011년 5월 13일)
· 윤기진 전 한총련 의장에 대한 영장 청구(2011년 2월 24일)
· 불온 도서에 대한 헌법재판소 합헌 결정(2010년 10월 28일)
· 법원의 구태의연한 반통일적 판결을 개탄(2010년 8월 26일)
· 권력에 대한 굴종을 선택한 언론의 행태에 개탄(2010년 8월 18일)
· 자기 반성을 부인하는 반쪽 판결로서, 심히 개탄하지 않을 수 없다(2010년 4월 30일).

· 법원의 자체 조사 결과마저 부정했다는 점에서 개탄스러운 일(2009년 5월 11일)
· 헌재의 결정을 개탄함(2008년 12월 26일, 쇠고기 고시 합헌 결정에 대해)
· 인권 상황을 제대로 못 본 판결을 개탄(2005년 2월 26일)
· 4대강 죽이기 '삽질'에 면죄부를 준 법원 판결 개탄(2010년 12월 3일)
· 공안 검사 출신 헌법재판소장 후보자 지명, 개탄스러울 따름(2013년 3월 22일)

규탄한 사안

· 이주 노조 집행부 강제 퇴거 등에 대한 헌법재판소의 합헌 결정을 규탄(2012년 8월 27일)
· 국회의 조용환 헌법재판관 후보자 선출안 부결을 강력히 규탄(2012년 2월 9일)
· 이주 노동자 사업장 변경 횟수 제한에 관한 헌법재판소 결정을 규탄(2011년 9월 29일)
· 인권위 조직 축소 권한 쟁의를 각하한 헌재 결정을 규탄(2010년 10월 28일)
· 기무사의 불법적인 민간인 사찰을 옹호한 법원의 판결을 강력

히 규탄(2010년 7월 23일)

· 미디어법 및 금융지주회사법 가결 선포 행위가 위헌·무효가 아니라는 헌재 결정을 규탄(2009년 11월 16일, 논평 제목 "놀이가 된 헌법재판소 판결")

· 용산 참사 사건 관련 기자 회견 참가자마저 연행하는 불법 체포를 규탄(2009년 5월 14일)

이렇게 헌법재판소와 대법원의 판결 및 결정문에 대해 입맛대로의 개탄 또는 환영이라는 평가를 마구 해대며 자신들의 주장으로 대중을 이끄는 것이 민변이 궤변론자라는 하나의 증거이다. 또 다른 증거는 그들이 대변하고 있는 노조에 대한 태도이다. 비정규직을 제일 먼저 위한다고 하면서 민변은 '구직자 노조'를 만들자는 등 사회 혼란만 부추기고 있다.

민변의 주장대로라면, 구직자들은 삼성전자와 현대자동차 입사를 위한 구직자 노조를 만들어 입사 시험의 출제 경향을 놓고 단체 교섭을 벌이면서 노동3권의 행사가 가능하게 된다. 구직자도 노조를 결성해야 한다는 주장은 궤변을 넘어선 공허한 망상이라 할 수 있고 구직자들에게 헛된 희망이나 그릇된 기업관을 안겨줄 수 있음이 자명한 일이다.

민변은 국가 최고의 사법 기관인 헌법재판소의 결정문일지라도 자신들의 견해와 다를 때는 언제든지 거품 물고 따지거나 불복종할 자세를 갖춘 집단이다. 또한 언제든지 자신들에게 유리한 방향으로 태도를 극단적으로 바꾸는 사람들이다.

필자는 아래와 같은 공지문을 읽고 민변이 '궤변론자' 이상이라는 생각이 든 때가 있었다.

2011년 12월 29일, 한 해가 저물어가는 즈음에 민변 홈페이지에 공부 모임에 대한 공지사항 하나가 떴다. 공부할 책은 『북한의 역사2』와 『인물로 본 북한 현대사』 두 권의 책이었으며 다음과 같은 내용이 기록되어 있었다.

> 한 해가 가고 새해를 맞습니다. 그리고 … '78년 만의 폭설'이 쌓였다는 평양에서는 한 인물을 역사의 장막 속으로 보내고, 새로운 '령도자'를 맞는 장례식이 열렸습니다.
>
> 2012년 새해를 맞는 민변 첫 공부 모임에서는 북한의 현대사를 되짚어 볼 수 있는 책 두 권을 골랐습니다. 반세기를 넘어 계속되고 있는 분단 체제 하에서 "인민의 이름으로 선(건국) 나라"라는 북한의 역사는 여전히 '논쟁적' 주제입니다.
>
> 많은 분의 관심과 참석을 기대합니다.
>
> 2012년 1월 9일(월) 오후 7시 민변회의실

민변은 희대의 독재자 김정은을 새로운 '령도자'로 부르고 있다. 국방위원장이라는 호칭을 사용하는 것도 납득하기 어려운 판국에 북한 주민들에게 강요해서 부르도록 하는 '령도자'라는 호칭을 민변이 사용한 것이다. 그것도 대한민국의 국문법 표기에 따르지 않고 북한식 표기를 따라 '령도자'라고 부르지 않았는가. 이런 상황에서 필자는 민변의 정체를 뭐라 정의해야 할지, 어떤 별칭을 붙여 줘야 할지 새로운 고민을 갖게 되었다.

민변이 2012년 새해 벽두에 회의실에서 열심히 공부한 책은 『북한의 역사2』이며 이종석이 썼고 역사비평사에서 2011년에 만든 책이다. 아마도 이 책은 주체사상과 유일체제에 대해 자세히 기록된 책으로 보인다. 또 한권의 책은 『인물로 본 북한 현대사』이며 정창현이 썼고 선인출판사에서 2011년에 펴냈다.

이 책들은 '김일성에서 김정은까지'를 기록한, 목차로 보아 특별한 문제가 없어 보인다. 통일을 대비한 북한의 연구는 어찌 보면 지식인의 의무일 수도 있다. 문제는 김정은을 '령도자'라고 보는 관점이다. 두 권의 책에서는 북한을 김일성부터 김정일, 김정은에 의해 지배받는 나라라고 기술하고 있다. 이에 반해 민변은 북한을 "인민의 이름으로 선 나라"로 보고 있거나 이를 여전히 '논쟁적' 주제라고 보고 있다는 점이다. 북한이 인민의 이름으로 선 나라, 즉 인민민주주의가 사회민주주의와 동급으로 쓰일 수 있다는 견해로 확장되면 매우 큰 혼란에 빠질 수 있다. 민변이 북한을 "인민의 이름으로 선 나라"라고 판단한다면 그들이 바라보는 국가보안법과 간첩에 대한 의미가 아주 모호해질 수 있기 때문이다.

그러한 이유로 민변이 공권력을 무력화하려고 그렇게 기를 쓰고 있나 하는 생각이 든다. 민변은 공권력의 무력화와 함께 대법관과 헌법재판관의 임명에도 필사적인 노력을 기울이고 있다. 대법관과 헌법재판관의 영향력은 국회의원 150명을 거느린 집권여당 못지 않다. 그 때문에 민변은, 정당을 만들고 정치를 통해서 권력을 잡기보다는 대법관과 헌법재판관을 통해 국가를 좌지우지하고 싶어 하는 것 같다.

주요 언론 보도에 의하면 국가 중요 시국 사건 등에서 민변은 피의자 및 핵심 증인 등에게 묵비권을 종용한 것으로 알려졌다. 묵비권은 헌법에 보장된 것으로서 형사 책임에 관하여 자기에게 불리한 진술을 강요당하지 않을 권리를 말한다. 묵비권은 고문이나 강요에 의한 거짓 자백으로 인해 피의자의 인권이 침해되는 것을 방지하려는 취지에서 나왔다. 따라서 민변이 피의자에게 묵비권을 종용한 것은 일종의 법률적 행위로서 별다른 하자가 없어 보인다.

그러나 그 종용의 대상이 누구냐를 따져보면 고민이 깊어질 수밖에 없다. 전직 총리가 뇌물수수 혐의로 수사를 받으면서 묵비권을 행사하여 본인에게 유리하게 하려는 행위는 비난받지 않을 수 없다. 마찬가지로 통합진보당의 이정희 대표가 부정 경선에 관한 수사를 받으면서 묵비권을 행사했다면 이 또한 묵비권의 남용이자 국민에 대한 배신이다. 간첩 행위로 수사를 받는 개인이 묵비권을 행사하는 것까지는 봐줄 만 하지만 국회의원 신분으로 반국가적 행위에 관한 수사를 받으면서 말 한 마디 하지 않고 수사를 방해하는 수준에 이르면 이 역시 용납하기 어렵다.

강요나 고문에 의한 거짓 자백으로 불리하게 될 피의자의 인권을 보호하려는 취지에서 묵비권을 인정한다는 기본 취지를 생각해 볼 때 전직 총리나 국회의원 혹은 고위 관료들이 자신들의 불법 부정을 감추려는 의도로 묵비권을 사용하는 것은 온당치 못하다. 즉 '증인'으로 나왔다는 것 자체가 진실을 말하겠다는 의지를 보여주는 행동인 것이다. 그런 증인에게 묵비권을 행사하라는 것은 법적으로도 상식적으로도 옳지 않은 주장이다. 그런데도 민변은 주요 시국 사건 등에서 피의자나 증인에게 묵비권을 종용했다. 이러한 행동으로 보아, 그들이 단순히 '궤변론자' 이상이며 본질과 다른 목적을 가지고 시민사회운동을 하는 것이 아닌지 의심케 된다.

3부
민변과 공권력

공권력이란, 국가나 공공 단체가 국민에 대하여 명령하거나 강제할 수 있는 권력이다. 이는 국민의 인권을 지키는 강제력이기도 하지만 때로는 인권을 침해하는 힘으로 작용하기도 한다. 하지만 공권력은 원칙적으로 국민의 기본권을 지키기 위해 국민이 인정해준 권력이다. 그런데 민변은 정당한 공권력의 행사를 방해하고 이를 비난한다. 해산을 거부하는 시위현장에서 진압 경찰을 공격하여 상해를 입힌 시위대를 민변은 옹호하고 나선다. 또 전쟁터와 같은 시위 현장에서 미란다 원칙을 말하지 않고 시위대를 연행한 경찰을 고소하기도 한다. 법률 지식으로 무장한 민변은 이런 방식으로 공권력을 조롱하고 더 나아가 무력화하고 있다.

앞에서 언급한 바와 같이 공권력은 국민을 지키기 위해 국민이 국가에 준 권력이다. 그런데 민변에 의해 무력화된 공권력이 발생할 때 그 반대 의미에서 국민의 기본권은 피해를 입는다. 예를 들어 집회와 시위가 폭력적으로 변질되면 공권력은 불법 폭력시위에 맞서 정당하게 집행되어야 한다. 그런데 폭력 시위대에 의해 무고한 국민이 희생당했는데도 경찰이 제지하지 않는 경우, 공권력의 불행사로 인한 국민의 기본권이 침해되는 것이다. 민변은 그런 경우 피해를 입은 시민보다는 시위대의 편을 들어주고 있다. 공권력의 행사로 인한 국민의 권리 침해는 용납이 안 되지만 공권력의 불행사로 인한 국민의 기본권 침해는 용납이 된다는 걸까?

과연 민변이 생각하는 공권력은 무엇일까? 헌법재판소는 공권력의 행사 말고 공권력의 불행사로 인한 기본권 침해에 대해 판결한 적이 있는가? 이 장에서는 공권력에 대한 민변의 입장을 살펴보고자 한다.

1장

공권력이 무시되는 시위 현장

해마다 다양한 문제로 시위가 일어나고 있다. 시위는 자신들의 요구를 관철시키기 위해 공적인 장소에 모여 주장을 펴는 물리적 행동이다. 물론 시위가 필요 없는 나라라면 더욱 바랄 것이 없을 것이다. 그러나 사람마다 욕구가 다르고 또한 다양한 요구 사항을 충족시킬 수도 없기에 시위는 끊이지 않고 일어난다.

문제는 시위 자체가 아니라 시위가 점점 폭력적으로 변질된다는 것이다. 심각한 폭력 시위가 연평균 100건에 이르고 해마다 경찰관 부상자만 700명이 넘는다는 집계가 있다. 한국개발연구원(KDI)에 따르면 2005년 한 해 동안 발생한 시위가 1만 1,000건이고 이로 인한 사회적 비용이 최대 12조 3,000억 원에 달한다고 했다. 이 금액은 그 해 국내총생신(GDP)의 1.53%에 해당된다. 말하자면 근로자들이 힘들게 일해서 벌어들인 돈의 상당 부분을 시위로 날려버린다는 얘기이다.

시위는 권위와 독재가 민주주의로 넘어가는 과정에서 일어나는 필연적 현상이고 민주주의가 발전하기 위해서는 집회 및 시위로 인한 사회적 비용을 감내해야 한다고도 한다. 그러나 민주주의의 정착을 위해 치르는 절차라고 하기에는 시위 문화의 폭력성이 그 도가 지나치다. 사회적 비용도 심각하지만 가장 심각한 것은 시위로 인하여 다수의 기본권이 박탈당하는 피해가 발생한다는 문제이다. 이런 상황을 "국가가 죽었다."라고 표현하는 사람도 있다.

한국경제연구원은 촛불 시위로 인해 발생한 직·간접적 손실은 1조 9,000억 원에 이르고 이 가운데 경찰 비용 등 공공 지출 비용이 585억 원이라고 했다. 한국개발연구원(KDI)은 차로를 점거한 서울 도심 불법 시위 한 차례에 776억 원의 사회적 손실이 발생한다고 분석했다(강경근 숭실대 교수, 「문화일보」 2008년 8월 4일, '그때, 국가는 죽었었다.' 중).

시위대가 공권력을 무시하고 경찰을 공격한 사례를 담은 언론 보도는 수없이 많다.

경찰은 "폭력 진압이 노조원에 의해 포위, 감금된 전 · 의경 9명과 경찰관 3명 등 12명을 구출하는 과정에서 발생했으며 노조원들이 경찰 장비를 빼앗고 진압 부대원의 눈에 흙을 뿌리고 침을 뱉았다."라고 주장했다(「한국일보」 2001년 4월 15일).

경찰은 19일 '전국농민대회'에서 폭력 시위를 벌인 혐의로 문모 씨(44) 등 3명을 22일 구속했다. 문씨는 불법 행진을 막는 경찰에게 죽봉을 휘두르고 전경 버스에 방화하는 등 폭력 시위를 벌인 혐의를 받고 있다(「동아일보」 2003년 11월 23일).

지난 11일 인천 자유공원 맥아더 동상 철거 시위 진압에 나섰던 전투 경찰 대원이 급진 단체 시위대가 휘두른 대나무에 눈이 찔려 실명 위기에 놓인 사실이 뒤늦게 알려졌다. YTN은 시위 진압에 동원됐던 서울 806전경대 소속 21살 문모 상경이 급진 단체 회원이 휘두른 대나무에 오른쪽 눈을 찔려 실명 위기라고 13일 보도했다(「데일리안」 2005년 9월 13일).

이들은 2006년 12월 1일 서울 여의도 국회의사당 앞에서 조합원 3,000여 명과 노사 관계 로드맵의 국회 환경노동위원회 통과에 항의하며 도로를 가로막은 채 국회에 진입하려다 경찰과 몸싸움을 벌인 혐의로 기소됐다. 시위대는 쇠파이프와 죽봉 등을 휘둘러 전경 8명이 부상당하고 경찰 차량 6대가 파손됐다(「한국경제」 2008년 6월 26일).

이날 집회 후 노조원들 중 일부는 회사 측이 면담 요청을 거부하자 울타리 40여m를 훼손한 뒤 회사로 진입을 시도, 대치 중인 경찰과 30여 분 동안 심한 몸싸움을 빌였다. 이 과징에서 노조원들이 휘두른 죽봉 등에 맞아 의경 9

명이 다쳤고, 노조원 2명도 부상해 병원으로 옮겨져 치료받고 있다(「뉴시스」 2007년 6월 28일).

노조원이 만든 죽봉, 볼트 다연발총, 화염방사기 등은 공권력의 위신을 땅에 떨어뜨리고 있다. 노조원이 던진 화염병에 맞아 전경의 몸에 불이 붙자 불을 끄기는커녕 오히려 쇠파이프로 후려치는 비인간적인 사건이 일어났고, 경찰이 전기 충격을 주는 테이저 건을 사용해 상황을 진압하기도 했다(「주간동아」 2009년 8월 13일).

쇠파이프와 죽봉을 든 노조원들은 경찰과 한 시간 넘게 충돌하면서 양 쪽에서 수십 명의 부상자가 발생했습니다. 이 과정에서 전경 1명이 노조원들에게 끌려가 집단 폭행을 당한 뒤 풀려나기도 했습니다(「SBS」 2011년 6월 23일).

노조원 수십 명이 경찰의 진압봉과 방패를 빼앗은 뒤 전경 등에게 휘둘렀다. 흥분한 노조원들은 시위 진압 전경 30여 명을 시위대 쪽으로 끌고 가 마구 때려 서울기동대 소속 임모(21) 이경이 갈비뼈가 부러지는 등 전·의경 90여 명이 중경상을 입었다. 또 경찰의 집회 해산 과정에서 노조원도 70여 명이 다친 것으로 알려졌다. 이들 가운데 경찰 10명, 노조원 1명이 중상을 입어 동국대 포항병원 등에서 치료를 받고 있다(「동아일보」 2006년 8월 5일).

전세버스에 괴물체가 날아와 유리창이 파손됐다. 또 주차된 차량이 방화로 불타기도 했고, 시외버스 연료통에 화장지와 설탕 등이 들어가 차량이 고장나기도 했다. 전북지방경찰청은 이와 관련해 민주노총 조합원을 붙잡아 수사 중이지만 사고가 날지 모른다는 시민들의 불안은 쉽게 가라앉지 않고 있다(「주간동아」 2011년 3월 28일).

이들은 점거 이후 옥상에 컨테이너 3단으로 된 망루를 설치했고 준비한 화염병 150개, 염산병 40여 개,벽돌 1천여 개, 골프공 및 구슬 700개를 경찰과 시민들에게 무차별 투척했다. 남일당 인근에서 순대국집을 운영하고 있는 서모 씨는 "새벽 두 시께까지 농성자들이 화염병, 시너 등을 투척했고 새총을 이용해 골프공 등을 던졌다."라고 상황을 전했다(「한국경제」 2009년 1월 20일).

경찰은 이날 1만여 명의 경찰력을 동원해 시위대를 저지했지만 역부족이었다. 다친 경찰관과 시위대가 뒤얽혀 인근 병원으로 실려 가는 모습이 곳곳에서 눈에 띄었다. 특히 일부 시위대는 '경찰이 과잉 진압을 한다.'라며 인근에 있는 동부경찰서 진입을 시도하기도 했다. 대한통운까지 시위대가 휩쓸고 간 왕복 8차로 도로는 깨진 경찰 전·의경 버스의 유리창과 철망, 문짝, 돌 등이 나뒹굴었다(「동아일보」 2009년 5월 18일).

일부 시위대는 경찰이 과잉 진압을 했다고는 하지만 그들을 저지한 경찰이란 대부분 의경들로 이뤄진 전투 경찰이다. 의경은 20대 초중반의, 국방의 의무를 다하기 위해 모인 청년들이다. 그들은 국민의 안전을 지키기 위해 폭력 시위를 저지해야 하지만 그런 험악한 시위 현장에서는 '밀리면 자신이 죽는다.'라는 위기의식을 가지고 시위대를 대할 수밖에 없다고 한다. 전쟁터도 아닌 도심 한복판에서 그들에게 그런 위기의식을 갖게 한 사람들은 과연 누구일까? 원인 없는 결과는 없을 것이다.

한편 시위 현장을 전쟁터로 만들고 공권력인 경찰을 공격한 시위대가 그에 걸맞는 처벌을 받았다는 얘기는 별로 듣지 못했다. 그들이 저지른 일은 명백히 폭행, 방화, 상해, 살인 미수라는 형사처벌대상의 중범죄이지만 솜방망이 처벌에 그치니 시위 현장에서의 폭력 사태는 끊이지 않고 되풀이되는 것이다. 따라서 공권력은 당연히 그 힘을 잃을 수밖에 없다.

2장

민변과 경찰의 마찰

경찰은 국민의 기본권을 지킬 공권력의 최첨병이다. 이러한 경찰이 불법 폭력 시위대에 끌려 다니고 부상당하는 나라가 정상적인 나라라고 할 수는 없다. 경찰을 괴롭히는 세력들은 불법 폭력 시위대만이 아니다. 법률가 단체인 민변은 더 지능적으로 경찰을 괴롭힌다. 불법 폭력 시위를 단속하는 과정에서 경찰이 과잉대응으로 인한 처벌을 받게 되면 당연히 경찰의 사기가 떨어질 뿐만 아니라 나아가 공권력 자체가 흔들리게 된다.

아래의 기사는 2009년에 있었던 쌍용차 시위 현장에서 변호사를 불법으로 연행했다는 혐의를 받은 경찰의 재판에 대한 것으로 불법 시위대를 해산시키고 불상사가 커지지 않게 하기 위해 노력했던 경찰의 행동이 불법으로 치부되어 법적 치벌까지 받게 되었다는 내용이다.

"경찰관이 앞으론 시위 현장에서 제 몸만 사리면 되는 겁니까?" 2009년 평택 쌍용 자동차 사태 당시 변호사를 불법 연행한 경찰관이 항소심에서 징역형을 선고받자 경찰 내부가 술렁이고 있다. 수원지법 형사항소3부(부장판사 장순욱)는 28일 경기지방경찰청 소속 유모(47) 경정에 대한 항소심에서 징역 6월에 집행유예 2년, 자격 정지 1년을 선고한 원심을 유지했다. …… 다른 경찰관은 "쌍용차 사태는 경찰 역사상 가장 치열한 시위 현장 중 하나였고 또 큰 인명 피해 없이 경찰이 대처를 가장 잘한 현장으로 꼽힌다."라며 "유 경정 같은 경찰관이 있었기에 가능했던 일인데 사법부가 이렇게 판단한 것을 도저히 받아들일 수가 없다."라고 말했다(「연합뉴스」 2013년 11월 28일).

문제는 경찰이 민변 소속 변호사를 체포한 것인데 1, 2심 모두 민변이 이겼다. 이런 상황이라면 어떤 경찰이 공권력을 제대로 행사할 수 있겠는가?

2008년 시위 때는 경찰이 범법자를 체포하는 과정에서 민변은 오히려 경찰이 불법 체포 감금죄를 저질렀다며 경찰을 체포하여 경찰서장에 신병을 넘긴 일이 있다(이재교, 「뉴데일리」, '거짓과 광기의 100일 평가 자료' 중). 경찰과 민변은 이렇게 서로를 체포하는 사이가 되었다. 도대체 무엇이 공권력이고 누구에게 체포하고 구금할 수 있는 자격이 있는지 도무지 알 수 없다. 이게 대한민국의 모습이라는 게 믿기지 않는다. 2013년에도 변호사가 경찰을 현행범으로 체포한 일이 있다. 다음은 2013년 여름에 벌어졌던 민변 변호사가 경찰을 체포한 사건의 신문 기사이다.

집회 도중 일부 시위 참가자가 경찰이 허가한 집회 장소 밖으로 나와 플래카드를 흔들자 경찰은 확성기로 "집회구역 안으로 들어가라."라고 경고했다. 시위대가 계속되는 경찰의 경고를 무시하자 남대문경찰서 최성영 경비과장은 집회 구역을 벗어난 시위자에게 다가가 "안으로 들어가라."고 요청했다. 그러자 민변 변호사 세 명과 쌍용차 범대위 회원 두 명 등 다섯 명이 "남대문서 경비과장이 합법 집회를 방해한다. 현행범으로 체포한다."라고 외친 뒤 최 과장의 팔을 꺾고 목덜미를 붙잡은 채 대한문에서 숭례문 쪽으로 20m 가량 끌고 갔다. 최 과장은 주변 경찰의 제지로 시위대로부터 풀려났으나 팔과 허리에 찰과상을 입고 전치 2주의 진단을 받았다. 민변 변호사들은 최 과장이 집회를 방해해 현행범으로 체포했다는 논리를 펴는 것으로 알려졌다(「동아일보」 2013년 7월 27일).

대체 대한민국 경찰은 불법 시위대에게 얼마나 얻어맞고 있는 걸까? 다음은 e-나라지표에서 제공한 불법 폭력 시위 발생 건수

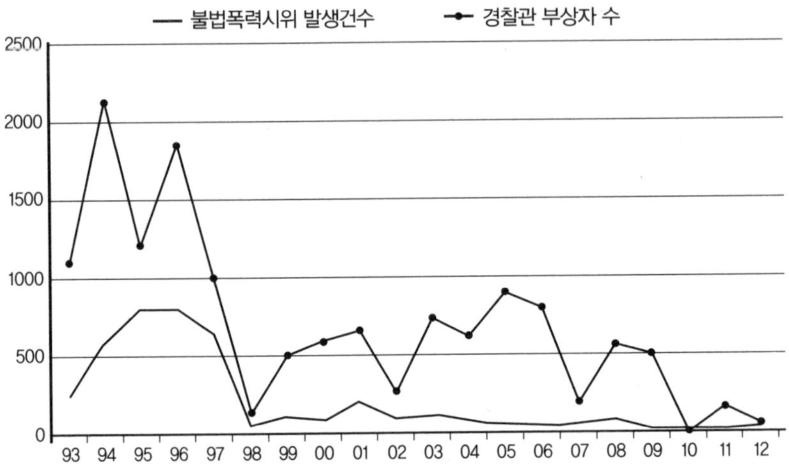

불법 폭력 시위 발생 건수

년도	1993	1994	1995	1996	1997	1998	1999	2000	2001	2002
전체집회 발생건수	6,390	8,753	6,857	6,510	6,179	7,684	11,750	13,012	13,083	10,165
불법폭력시위 발생건수	267	588	809	811	664	67	129	105	215	118
불법폭력시위 발생비율	4.17	6.71	11.79	12.45	10.74	0.87	1.09	0.8	1.64	1.16
경찰관 부상자 수	1,080	2,128	1,203	1,882	1,016	166	484	582	673	287

년도	2003	2004	2005	2006	2007	2008	2009	2010	2011	2012
전체집회 발생건수	11,837	11,338	11,036	10,368	11,904	13,406	14,384	8,811	7,762	8,328
불법폭력시위 발생건수	134	91	77	62	64	89	45	33	45	51
불법폭력시위 발생비율	1.13	0.8	0.69	0.6	0.54	0.66	0.31	0.37	0.58	0.61
경찰관 부상자 수	749	621	893	817	202	577	510	18	179	57

경찰관 부상자 수

및 경찰관 부상자 수에 관한 통계이다.

1994년에 경찰 즉 공권력은 불법폭력 집회의 시위대에게 심하게 두들겨 맞았다. 무려 2,128명의 경찰관이 부상을 당했다. 그 해는 우루과이라운드(UR)로 몸살을 앓던 해이다. UR반대집회에 참가하기 위해 전날 밤 광주에서 열차를 불법 정차시켜 이를 타고 서울로 올라온 광주 전남 지역 운동권 대학생 500여 명은 홍익대학교 주변에서 근무 중이던 경찰관, 의경 등 54명을 납치해 대학교 내로 끌고 들어갔다. 부상이 심한 열 명은 그나마 풀어주었다고 한다. 이런 행태는 민주주의 국가에서는 상상도 할 수 없는 일이다. 그런데 그런 일이 대한민국에서 벌어지고 있는 것이다.

한미FTA를 반대한다며 거짓과 광기의 100일을 보낸 2008년에도 비슷했다. 불법 폭력 시위를 막느라 경찰 본연의 목표인 국민 치안에 구멍이 뚫리는가 하면 시위대에 맞거나 질서 유지를 하다가 부상당하는 숫자가 위와 같다면 그것은 공권력이 무너졌음을 의미한다. 동네 파출소를 우습게 알고 술 취해 난동을 부리거나 경찰을 폭행하는 일이 심심치 않게 뉴스에 등장하는 것은 두말할 것 없이 공권력 붕괴 때문이다.

우루과이라운드(UR) 협상 이후 지난 20년을 되돌아보면 한국 농업은 토지·노동·자본 생산성이 모두 40~50% 상승했습니다. 이는 세계적으로 흔한 일이 아닙니다. 세계 최강이라는 네덜란드 농업과 비교했을 때 국민 1인당 경지 면적은 한국이 네덜란드의 4분의 1로 매우 작지만, 토지생산성은 곡물과 과일이 각각 4배, 채소가 3배로 한국이 더 높아졌습니다. 또 쇠고기 수입이 자유화됐지만 한우고기가 외국산에 비해 여전히 3~4배 높은 값을 받고 있습니다(이정환 전 한국농촌경제연구원장).

UR 협상 타결 당시 180만 명이던 농가가 118만 명으로 줄었지만 농업생산액은 오히려 증가했습니다. 농민들이 각고의 노력을 쏟은 결과라 생각합니다. 농업인들을 위한 교육 투자 확대가 무엇보다 시급하다고 생각합니다(서종석 전남대 교수).

위의 이야기는 2014년 새해 벽두 농민신문에 실린 전문가 두 사람의 한국 농업 진단 중 일부 대목이다. 한미FTA를 시행한 이후에도 이와 비슷한 평가가 나온다. 세계화로 인한 최대 수혜 국가가 바로 대한민국임은 아주 확실한 일이다. 우루과이라운드 이후 세계화에 대한 논의와 진행은 급물살을 탔고 이에 편승해 우리나라는 세계 10위권의 경제 대국을 달성했다. 그것은 바로 무역을 통한 경쟁력 확보로 이룬 결과이며 발전의 자산이기도 하다. 삼성전자나 현대자동차 역시 세계화 전략을 통해 급부상했으며 필연적인 세계화의 원인에는 인터넷 기술의 발달도 그 맥을 함께 한다고 볼 수 있다.

세계화와 정반대의 길을 갔던 북한은 주민 식량난조차 해결을 못하고 있다. 만약 우리가 우루과이라운드 반대를 이기지 못했다거나 한미FTA 반대를 넘어서지 못했다면 오늘날의 대한민국은 없을 것이다.

그러나 불법 시위대나 이들을 돕는 민변은 이런 결과에 관심이 없다. 그들은 원래부터 우루과이라운드나 한미FTA에 관심이 있었던 게 아니라 정권을 잡고 흔드는데 관심이 있었다고 봐야 할 것이다. 청와대를 두들겨주고 싶은데 그게 안 되니 국가의 공권력, 즉 경찰에 분풀이 한 것으로 해석할 수밖에 없다. 유사한 사건들을 봤을 때 이들의 최종 목표는 자신이 반대하는 국가 권력에 대한 전복과 폭력 행사임을 알 수 있다.

국가의 공권력인 경찰이 도심 한복판에서 불법 폭력 세력에게 얻어터지고 법정에서는 민변에게 얻어터지는 사이 해양경찰은 바다에서 중국의 불법 조업 선원들에게 얻어터지고 있으니 국가의 장래가 암담하기 그지없다. 공권력이 무너졌다는 것은 공권력을 필요로 하는 국민의 편에서 보면 기본권이 침해당하는 것과 같으며 이러한 현상이 도처에서 일어나고 있다는 것은 국가 단위인 국민이 바로 설 수 없는 것과도 같다.

3장

공권력 무력화의 배후에는 민변이 있다!

대한민국의 공권력은 죽었다. 공권력이 죽었으니 사회는 불법·무법·폭력 천지가 되고 이 과정에서 국민의 안전과 인권을 지킬 사람은 없다.

일단 민변은 자신들의 법률적 지식으로 공권력을 공격한다. 2009년 6월 쌍용자동차 사태 당시 유모 경정은 노조원 연행에 항의하는 변호사를 체포한 일이 있다. 유 경정은 그 변호사를 공무집행 방해로 체포한 것이지만 민변은 변호사의 불법 체포를 고소하여 유 경정이 오히려 범법자가 되었다. 이에 검찰이 무혐의 불기소 처분을 내리자 민변이 재정 신청을 냈고 서울고법이 받아들이면서 검찰은 유 경정을 불구속 기소했다. 유 경정은 2심에서 유죄가 선고됐다. 민변은, 공권력인 경찰의 정당한 공무 집행을 방해했고 그 방해하는 사람을 체포하는 것을 불법으로 만들었다. 그렇다면 누가 집회의 질서 유지를 위해 나서겠는가? 민변은 이렇게 공권력 무력화에 앞장서고 있다.

또한 민변은, 자신들에게 필요할 때 불법 행위도 교묘하게 말을 바꿔 합법화하고 있다. 시위대의 불법 폭력을 '면담 요청'이라는 점잖은 표현으로 바꾸어 말하거나 마치 경찰이 과잉 진압한 것처럼 몰아붙이기도 한다.

민변은 현대차 희망버스 사건 직후인 7월 22일 발표한 "현대차와 보수언론은 희망버스 시민들과 노동자들에 대한 공격을 즉각 중단하라."라는 제목의 성명서에서 폭력 사태가 빚어진 경위를 이렇게 설명했다.

"참가자들은 불법 파견 문제 해결의 열쇠를 쥐고 있는 현대차 정몽구 회장을 면담하기를 요청했다. 그런데 면담 요청에 대한 답변으로, 현대차는 용역들과 직원들을 동원하여 희망버스 참가자들에게 소화기와 소화전을 마치 최루탄마냥 퍼부어대고, 곤봉과 쇠파이프를 휘두르고……"

당시 폭력 사태의 시발점은 시위대가 철제 담장을 밧줄로 끌어내리며 공장 진입을 시도한 것이었다. 민변은 이를 '면담 요청'이라는 점잖은 표현으로 뭉뚱그린 것이다(「동아일보」 2013년 8월 1일).

민변의 이광철 변호사는 촛불 시위에 참가해 폭력을 휘두른 혐의로 구속된 사람을 무료 변호하면서 "정부 시책에 반대하다보면 쇠파이프를 들 수도 있다."라는 망언을 했다. 이는 상식 이하의 발언이 아닐 수 없다. 정부를 공격하고 공권력을 마비시키기 위해 이처럼 말이 안 되는 주장을 펴는 것이 민변의 행태이다.

촛불 시위가 두 달 넘게 계속되는 가운데 시위에 참가해 폭력을 행사한 혐의로 구속기소된 윤모 씨의 재판이 엊그제 서울중앙지법에서 열렸다. 변론은 민변 소속 이광철 변호사가 무료로 맡았다. 재판 과정에서 검찰의 공소 사실에 대해 반론하며 피고인의 법률적 권리를 옹호하는 것은 변호사의 책무다. 하지만 "정부 정책에 반대하다 보면 쇠파이프를 들 수도 있다."라고 한 이 변호사의 변론은 법률가로서 부적절하기 짝이 없는 것이었다. 민변 변호사의 양심과 자질이 의심스러울 따름이다(「세계일보」 2008년 7월 1일).

민변이 공권력을 무력화하는 데 힘을 보태는 사람들이 또 있다. 바로 민변과 뜻을 같이 하는 사법부의 판사들이다. 경찰에게 폭력을 휘두르는 시위자를 공무집행방해죄나 폭행죄 그리고 상해죄로 입건을 시켜도 실형이 선고되는 일은 거의 없다. 무료 변론이지만 민변이 앞장서고 민변에 동조하는 재판부가 솜방망이 선고를 하기 때문이다. 폭력 시위자는 풀려나고 그들은 또 다른 시위 현장에서 폭력을 휘두른다. 솜방망이 선고가 선례가 되어 시위 현장에서는 폭력을 저질러도 처벌받지 않는다는 잘못된 인식이 만연한 것이다.

경찰관에 대한 폭력 행사를 엄단하겠다는 방침과는 달리 처벌이 상대적으로 약한 것도 한 원인으로 작용하고 있다. 경찰관이 폭행당하는 사건이 발생할 때마다 검찰과 경찰은 법에 따라 엄벌하겠다고 공언해 왔다. 실제 형법상 공무 집행 중인 경찰관에게 집단으로 혹은 위험한 물건을 이용해 상해를 입힌 경우 3년 이상의 유기 징역에 처하게 돼 있다. 하지만 실형이 선고되는 경우는 드물다. 지난해 촛불 시위 당시 폭력을 행사한 혐의로 기소된 피고인들은 항소심을 거치면서 대부분 집행유예형을 선고받았다. 이에 대해 한 경찰관계자는 "재판에 대해 경찰이 평가를 하는 것은 부적절하다."라고 전제하면서 "경찰관에게 폭력을 행사한 경우에도 실형을 선고받는 경우는 극히 드물다."라고 말했다(「문화일보」 2009년 3월 9일).

시위자 중에는 술에 취해 경찰관을 폭행하고 공공시설을 파괴하는 등 악의적인 행동을 하는 사람들도 있다. 또한 현행범 체포에 거세게 저항하여 경찰에 상해를 입히기도 한다. 경찰관을 끌고 가 집단 폭행을 하거나 쇠파이프를 휘둘러 큰 부상을 입히는 것이 다반사다. 더욱이 같은 범죄로 처벌받은 상습범들이 대부분이지만 재판부는 '큰 전과'가 없다는 이유로 그들을 석방한다.

그렇다면 그들로부터 상해를 입은 경찰관들은 누구에게 책임을 물어야 할까? 그들은, 자신들이 파손한 공공시설 복구에 국민의 세금이 낭비되는 것을 알고나 있을까? 경찰관도 국민의 한 사람이다. 국민의 권익을 보호한다는 민변은 이렇게 국민이 상해를 입고 세금이 엉뚱하게 허비되는 것을 모른 체 하고 있다. 그 이유는 자신들의 목적과 무관한 일이기 때문이다.

A씨는 술에 취한 상태에서 차로를 점거하고, 경찰 버스에 올라가 진압봉을 휘두르고, 쇠파이프를 휘둘러 경찰관 두 명에게 2주의 상처를 가하였는데, 법원은 폭력 벌금 전과 몇 번 외에는 큰 전과가 없다는 이유로 집행유예를 선고했다. B씨(52, 노조 간부)는 경찰의 현행 범인 체포에 저항하면서 경찰관을 폭행하여 상해를 가하고, 경찰서 유치장 화장실문을 뜯는 등 공용 물건을 손상시켰을 뿐만 아니라 동일한 전과로 여러 번 처벌받은 전과가 있다. 그런데 판결문은 "국민 전체의 관심이 집중된 국가적 현안에 대하여 적극적으로 자신의 의사를 표현하고자 하는 의도에서 시위에 참가하게 되었고" "자신의 잘못을 뉘우치고 있으며 피해 회복을 위하여 노력하고 있는 점" 등을 참작하여 석방한다고 한다. 피해 회복을 위하여 노력하고 있다는 말은 피해자와 합의도 안 되었다는 말이다. 그 외에 2008년 7월 26일 종로 보신각에서 의경 두 명을 납치하여 윗옷을 벗기고 집단 폭행하여 2주간의 상해를 입혀 충격을 주었던 범인으로 구속된 네 명도 벌금 두 명, 집행유예 두 명으로 전부 석방되었다(이재교, '거짓과 광기의 100일 평가 자료' 중).

경찰을 아예 파렴치한 폭행범으로 몰아간 판결도 있다. 시위자가 연행되는 과정에서 경찰이 모여 있는 곳을 지나다가 누군가에게 폭행을 당해 부상을 입은 일이 생겼다. 누가 폭행했는지 알 수 없는 상황이었는데 민변은 국가를 상대로 위자료를 청구하게 하였다. 이 사건은 가해자가 누구인지 확실하게 알 수 없는 상황에서 대법원까지 가게 되었다. "누가 때렸는지 모른다."라는 점 때문에 1·2심 판결이 엇갈렸지만, 대법원 3부(주심 박시환 대법관)는 "그 상황에서 때린 사람이 경찰관이 아니면 누구겠느냐?"라는 항소심의 상식적인 판단을 그대로 받아 들여 "국가는 A씨에게 위자료 등 200만 원을 지급하라."라고 판결했다. 이 판결은, 경찰서 앞에서 누군가에게 맞았는데 누가 때렸는지 모른다면 그건 당연히 경찰일 것이라는 논리와 같은 얘기이다. 이런 말도 안 되는 판결에 민변은 "당연한 판결"이라며 두 손 들어 환영과 기대의 뜻을 표했다.

이렇게 일부 재판부까지 민변을 도와서 경찰을 파렴치범으로 몰고 있다. 이런 상황에서 공권력의 권위가 제대로 설 수는 없는 것이다. 그러면서 민변은 경찰이 시위자들을 강제 연행하고 표현의 자유를 억압했다는 일련의 사태를 유엔인권이사회에 진정하겠다고 나서기도 했다. 민변은, 경찰이 불법 시위대에 공권력을 발동한 것을 유엔에 진정하여 이른바 나라 망신을 시키려고 나선 것이다. 그러나 "똥 묻은 개가 겨 묻은 개 나무란다."라는 말처럼 자신들이 저지른 상식에 어긋난 일에 대해서는 눈과 귀를 완전히 막고 있는 것이 현실이다.

민주 사회를 위한 변호사 모임 등은 촛불 집회 과정의 강제 연행과 구속, 인터넷 상 표현의 자유 억압 등을 들어 유엔인권이사회에 특별 진정할 계획이라고 14일 밝혔다. 우리는 민변 소속 한 변호사가 시위 현장에서 난동자를 추적하던 경찰관을 '납치 현행범'으로 규정한 사실, 또 다른 변호사가 "광화문 상인들이 불법 시위 덕에 오히려 매출이 올랐다."라는 식의 궤변을 늘어놓은 사실까지 특별 진정에 포함시킬 것인지 묻고 싶다(「세계일보」 2008년 7월 15일).

민변의 행동은 궤변을 넘어서 상식으로는 받아들일 수 없는 수위까지 와 있다. 민변 사람들은 공무 중인 경찰을 체포하기도 했는데 시위 현장에서 경찰이 불법 체포 감금죄를 저질렀다며 경찰을 납치범으로 체포하여 경찰서에 넘겼고 호텔의 기물을 파괴하여 진짜 체포되어야 할 범죄자는 그 와중에 도주하고 만 사건이 발생한 적이 있다. 이 사건은 양쪽의 이야기를 다 들을 여유와 시간이 있었던 상황이며 급박한 상황에서 벌어진 사건도 아니다. 민변 소속 변호사의 이와 같은 행태는 명백히 공무 집행 방해에 해당한다. 그러나 이런 일이 법을 제대로 안다는 변호사들에 의해 버젓이 저질러지고 있는 것이 현실이다.

경찰관이 범법자를 체포하였다가 변호사에 의하여 오히려 납치범으로 '체포'되는 일이 발생하기도 했다. 남대문서의 오모 경위가 코리아나 호텔에서 기물을 파손한 혐의로 김모 씨를 현행범으로 체포했다가 오히려 납치범으로 '체포'된 일이 있다. 김 씨가 체포된 직후 시위대를 향해 "잡혔다."라고 소리를 지르자 시위 참가자들이 몰려들어 오 경위를 에워싼 채 "왜 사람을 납치하느냐?"라고 따져 물었다. 오 경위는 자신이 경찰이라고 신분을 밝혔지만 시위대는 오 경위를 차에서 끌어내 마구 폭행했고 그 와중에 체포됐던 김 씨는 달아났다. 잠시 후 민변 소속 변호사가 현장에 도착하여 시위대와 오 경위 양측으로부터 자초지종을 들은 뒤, 정황상 오 경위가 불법 체포 감금죄를 저질렀다고 판단하고는 오 경위를 납치범으로 '체포'하여 남대문경찰서장에게 신병을 넘겼다는 것이다.

이 변호사가 오 경위를 납치범이라고 체포한 것은 공무 집행 방해에 해당한다. 당시 흥분한 시위대의 분위기에 휩쓸렸다 하더라도 법률 전문가의 행위라고 상상하기도 어려운 일이 벌어진 것이다(이재교, '거짓과 광기의 100일 평가 자료' 중).

2013년 7월 25일 오후 덕수궁 대한문 앞에서 보기 드문 상황이 벌어졌다. 시위 참가자들이 경찰관을 향해 체포하겠다고 외친 뒤 팔을 꺾고 목덜미를 붙잡은 채 20m 가량 끌고 간 것이다. 체포된 사람은 남대문경찰서 경비과장이고, 그를 체포한 이들은 민변 변호사 네 명과 노조원 한 명 등 다섯 명이었다. 변호사가 경찰을 체포하는 세계적으로도 유례가 드문 일이 벌어진 것이다(「동아일보」 2013년 8월 1일).

이 신문에서는 변호사가 경찰을 체포한 것이 '세계적으로 유례가 드문 일'이라고 했지만 우리나라에서는 이미 민변에 의해 몇 차례 저질러진 일이다.

용산 철거민 사망자 합동분향소 주변에서 근무 중이던 용산경찰서 정보과 소속 이모 경사가 그제 낮 12시경 전국철거민연합(전철련) 관계자와 사망자 유족들에게 붙잡혀 약 30분간 감금된 채 집단 폭행을 당했다. 이 경사는 합동분향소가 있는 병원 장례식장 근처에서 전화로 상황을 보고하던 중 유족과 전철련 관계자 20여 명에게 포위돼 1차로 폭행을 당했다. 그러고도 150m나 떨어진 천막으로 끌려가 수십 명에게 집단 폭행을 당했다

지난 2월 5일 민변 소속 변호사는 "시민들이 경찰관을 '납치 현행범'으로 체포했다."라며 처벌을 요구하는 어처구니없는 일을 벌이기도 했다(「동아일보」 2009년 2월 7일).

민변 변호사들은 범법자들은 법으로 보호하고, 자신들이 경찰을 체포하기도 하고 더 나아가 경찰에게 직접 폭력을 행사하기도 한다. 경찰관을 밀쳐 다치게 하고 주먹으로 때리기도 한 것이다.

같은 달 25일 민주 사회를 위한 변호사 모임(민변)의 한 변호사는 서울 덕수궁 대한문 앞 집회에 참석해 폴리스 라인에 서 있던 경찰관을 밀어 화단으로 넘어뜨려 다치게 하기도 했다. 서울중앙지법은 "증거가 부족하다."라며 경찰이 신청한 구속 영장을 기각했다(「국민일보」 2013년 10월 10일).

약 30분간 실랑이가 벌어진 뒤 오후 7시 10분경 권 변호사는 "이 ××들아 무슨 행패냐. 여기서 나가라."라고 고함을 지르며 경찰을 잡아끌었다. 경찰이 만류하자 권 변호사는 경찰에게 달려들었고 서울경찰청 제2기동단 22기동대 소속 한 순경의 왼쪽 뺨을 주먹으로 때렸다. 이날 경찰은 권 변호사를 현행범으로 체포하려 했지만 시위대의 방해로 결국 체포하지 못했다. 이에 앞서 권 변호사는 7월 24일, 25일에도 경찰을 밀치고 잡아 끈 혐의를 받고 있다. 이에 대해 권 변호사는 3일 전화에서 "인터뷰를 거절한다."라고 밝혔다(「동아일보」 2014년 2월 4일).

이렇게 공권력을 무력화하는 데는 민변뿐만 아니라 정치권도 한 몫 거들고 있다. 모 국회의원은 경찰이 폭행당한 사건을 경찰의 자작극이라고 비난하기도 했다. 밀실에서도 아니고 백주대낮의 시위현장에서 어떻게 폭행 사건을 자작극으로 만들 수 있을까? 이 불가능한 일을 소위 국회의원이라는 사람이 우기고 있는 것이다. 이런 몰상식한 행태가 정치권에서 벌어지고 있으니 민변 같은 궤변론자들이 활개치는 것은 당연하다.

정 최고위원은 어제 라디오 방송에서 "함정을 파놓고 시민들이 폭력 행위를 하도록 유도했다."라는 황당한 주장을 폈다. 26일 발생한 종로경찰서장 폭행 사건을 '자작극'이라고 몰아붙인 전날 발언을 이어간 것이다. 폭력을 유도한 쪽은 경찰이 아니라 선동 정치인들이다. 공권력을 희롱하고 폭력 시위를 부추긴 세력이 누군지는 세상이 다 안다. 두 손바닥으로 하늘을 가리려고 해서는 안 된다. 종로경찰서장 폭행 당시에도 정 최고위원과 손학규 민주당 대표, 이정희 민주노동당 대표가 시위대의 맨 앞줄을 차지하고 있었다. 국회의원 특권을 빙자해 불법 집회의 좌판을 깔아주고 방패막이 역할까지 한 셈이다(「세계일보」 2011년 11월 29일 사설, '몰상식의 정치 언행, 언제까지 봐야 하나' 중).

4장

민변의 표현으로 살펴본 '공권력'

민변은 과연 공권력을 어떻게 이해하고 생각하는 것일까? 다음은 민변의 성명서 및 일부 논평 중 '공권력'에 대해 언급한 부분이다.

· 공권력과 성매매 알선집단간의 불법적인 유착과 방조(2004년 9월 22일)
· 공권력의 부당한 행사로 인하여 역사에 오점을 남긴 것(2005년 3월 29일)
· 평택 주민들의 삶터를 하루아침에 파괴할 가공할 공권력의 횡

포(2006년 3월 21일)

· 공권력을 통해 누르려고 한다면, 그리한 갈등의 골은 더 깊어질 것(2007년 4월 26일)

· 공권력 행사로 인하여 시민 다수가 사망(2009년 1월 20일)

· 용산 참사의 수사 기록을 은폐하려는 공권력의 만행(2009년 5월 14일)

· 공권력의 만행이 고삐 풀린 망아지처럼 질주(2009년 6월 26일)

· 노동자를 벼랑 끝으로 내모는 쌍용차 공권력 투입을 즉각 중단하라! (2009년 7월 22일)

· 공권력을 남용하여 철도 노동자들을 탄압하는 행위(2009년 12월 21일)

· 공권력으로 공무원의 헌법상 단결권과 노동기본권을 봉쇄하는 행위(2010년 3월 20일)

· 근로시간면제심의위원회의 의결은 공권력을 동원한 폭거다!(2010년 5월 3일)

· 이번 분신 사건은 공권력 투입으로 인한 비극적 결과(2010년 11월 1일)

· '공권력 투입'의 협박을 가하더니, 급기야 오늘 경찰력을 투입(2011년 5월 24일)

· 공권력에 의한 통제와 탄압의 빌미를 만들려는 의도(2012년 3월 30일)

· 국민의 기본적 인권을 침해하는 국가 공권력의 부당한 행사(2012년 6월 12일)
· 공권력은 시민들을 향한 폭력이 될 수 있음(2013년 3월 22일)
· 변호사들을 체포한 경찰의 공권력 남용을 강력히 규탄한다!(2013년 7월 26일)
· 법원은 이러한 부당한 공권력 집행에 대하여(2013년 12월 16일)

민변은 공권력을 국민의 적으로 표현하고 있다. 국민의 기본권을 지켜야 할 공권력을 국민의 적으로 둔갑시키고 공권력의 정당한 행사를 방해하면 결국 그 피해는 고스란히 일반 국민에게 돌아온다. 국민의 기본 인권을 지켜줄 공권력을 국민 인권의 가해자로 만들어 버렸으니 경찰이 국민의 생명과 재산을 지키는데 시큰둥할 수밖에 없다. 이러한 연유로 경찰이 의욕적으로 일하려는 모습을 찾기가 어렵다. 그러니 국가 재난이 발생할 때 윗선에 보고할 거리부터 찾는 것이 우선이고 국민의 안전과 생명은 뒷전이 된다.

아래의 글은 민변이 정부의 밀양 송전탑 공사를 반대하면서 내놓은 규탄 성명의 일부이다. 민변은 국가 공권력이 분신자살과 같은 비극적인 일을 초래할 가능성이 있다며 협박에 가까운 매도를 하고 있다.

그것은 '죽음'까지도 각오하고 있는 밀양 주민들에게 비극적인 일이 생기는 것을 막을 수 있는 유일한 길이기도 하다. 그럼에도 불구하고 정부가 공권력을 동원하여 밀양 송전탑 공사를 끝내 강행함으로써 국민의 안전과 생명에 중대한 영향을 미치는 일이 발생한다면 ……(민변 성명서, 2013년 10월 2일, '정부의 밀양 송전탑 공사 강행을 규탄한다.' 중)

민변의 성명서가 나온 지 1년여 만에 실제로 밀양에서는 송전탑 건설을 반대하며 음독 자살하는 사건이 터졌다. 음독 후 병원에 실려간 주민은 경찰과 가족이 보는 앞에서 "송전탑 때문에 내가 돼지도 못 먹이고"라고 말했고 가족들은 이를 녹음까지 해 놓았다. 안타까운 일이지만 무언가 석연치 않은 느낌을 지울 수 없다. 민변은 밀양 송전탑 공사의 강행으로 국민의 안전과 생명을 해치지 말라고 주장하면서 그 앞에 죽음 운운하며 비극적인 일을 언급한다. 문장을 하나씩 뜯어보면 틀린 말이 없는 것처럼 보이지만 전체적으로 보면 공권력이 동원되면 누군가 죽을 수 있다는 협박과 같은 암시가 있고 밀양 주민들에게는 공권력이 들어오면 죽음으로 맞서야 한다는 선동을 암시하고 있다. 더 나아가 누군가 하나는 죽어야 문제가 해결된다는 암묵적 제안이 내포되어 있다.

제대로 된 법률가 단체라면 평소 극단적인 선택의 방지를 위해 법에 의한 해결의 설득과 주민들을 진정시키는 것이 도리이다. 그런데 죽음까지 각오하고 있다며 극단적 선택이 불가피하다는 식으로 말하는 것은 매우 부적절한 처사이다. 게다가 반협박의 상대를 공권력으로 상정한 것은 법질서를 수호하는 법률가 단체의 행동이라고 볼 수 없는 것이다.

지금까지 살펴본 바와 같이 국가 권력인 공권력은 민변에 의해 잘못된 법령과 제도에 기인한 공권력의 남용 정도로 폄하되고 말았다. 민변은 공권력을 때려잡아야 할 국가 권력, 국민기본권을 침해하는 원흉으로 보고 있다.

집회 시위 현장이 전쟁터를 방불케 한다는 사실은 온 국민이 다 안다. 민변은 그러한 전쟁터가 평화롭다고 한다. 그러면서 시위 현장에서 불법 폭력과 싸우는 경찰을 공권력의 악용과 남용으로 표현한다. 결국 민변은 공권력의 남용과 악용에 대한 자의적 해석으로 국가권력이 국민의 자유와 권리를 침해하고 있다고 주장한다.

5장

공권력에 대한 언론의 시각

한편 민변과 다른 입장을 갖고 있는 언론들은 공권력에 대해 어떻게 표현하고 있을까?

- 경찰 폭행 등 공권력 침해 현상이 위험 수위를 넘어선 양상(「동아일보」 2003년 1월 5일)
- 공권력 강화가 곧 인권 침해라는 주장은 무책임하다(「동아일보」 2004년 8월 5일)
- 열린우리당 의원이 문제 제기, 그만큼 공권력 붕괴 현상이 심각(「조선일보」 2004년 9월 8일)

- “시위대에 맞는 게 편하다.”라는 경찰의 요즘 마음(「조선일보」 2006년 4월 18일)
- 법 집행에 나선 경찰을 깔보는 공권력 경시 풍조가 만연(「국민일보」 2008년 3월 4일)
- 매 맞는 공권력 …… 풀어주는 법원(「문화일보」 2013년 7월 4일)
- 경찰, 차에 매달고 의경 때리고 …… 위협받는 공권력(「조선일보」 2013년 7월 15일)
- 폭도들에게 공권력이 유린당하는 무법 천지(「동아일보」 2013년 12월 5일)
- 공권력은 경기의 심판, 불복하는 데 그치지 않고 심판을 폭행(「문화일보」 2014년 1월 4일)
- 공권력은 민주주의와 법치주의를 지탱하는 기본적인 요소(「아주경제」 2013년 3월 4일)

민변은 공권력이 국민의 기본권을 침해하고 있다고 주장한다. 그런데 다른 한편에서는 불법 폭력 시위 세력에게 매 맞는 경찰과 이로 인한 공권력의 무력화 현실을 크게 우려하고 있다. 똑같은 상황을 두고 양쪽의 주장은 달라도 너무 다르다.

그런가 하면 소위 ‘진보 언론’들은 민변의 주장을 그대로 받아적기에 바쁘다. 네이버 뉴스 검색에서 2000년 이후부터 현재까지 ‘민변’과 ‘공권력’을 키워드로 검색해 보면 이러한 정황이 확연히 드러난다. 여섯 개 신문사에서 검색된 기사는 114개인데 경향신문 45개, 한겨레 45개의 기사는 주로 공권력이 기본권을 침해했다는 식이고 그 외 「국민일보」나 「동아일보」, 「문화일보」, 「조선일보」 등은 공권력이 국민의 기본권을 지키는데 중요한 역할을 하는 것으로 표현하고 있다.

공권력은 법의 집행이자 또 다른 많은 시민의 권리 보호를 위한 권력임을 앞에서도 강조한 바 있다. 이는 당연히 사적 권력과는 상반되는 개념이다. 경찰은 집회 시위 참가자를 보호하기도 하지만 참가하지 않는 일반 국민의 기본권을 보호하기 위해 공권력을 행사한다. 폴리스 라인은 그런 의미에서 국민의 인권 보호를 위한 기본선이다. 집회 시위대가 폴리스 라인을 넘는 순간 집회 시위대가 일반 국민의 인권을 짓밟게 되므로 경찰은 시위대가 이 선을 넘지 못하도록 지켜야 한다. 반대로 폴리스 라인은 평화 집회 시위를 하는 사람을 보호하기 위한 선이기도 하다. 그러함에도 불구하고 경찰의 질서 유지 노력이 불법적이고 공권력 남용으로 비쳐졌던 것은 특정 여론과 언론인, 민변과 「한겨레신문」, 「경향신문」의 합작품 때문이다. 따라서 「경향신문」, 「한겨레신문」을 믿지 않는 많은 국민은 시위대에 매 맞고 끌려 다니는 경찰에 대해 오히려 공권력이 무너졌다고 개탄하고 있는 것이다.

6장

공권력 불행사 현상이 심각하다

민변이 그 이름대로 진정한 민주 사회를 지향한다면, 그들이 가진 법률적 지식은 약자 및 소외자와 억울한 자들을 변호하는 데 힘써야 한다. 그런데 민변은 자신들의 법률적 지식을 정치적 현안과 결부시켜 시위현장에서 남용하고 있다. 상대적으로 법률적 지식이 약한 경찰들은 일단 위축될 수밖에 없다. 현장 매뉴얼대로 대응했다가는 법정으로, 검찰로 끌려 다니며 곤혹을 치를 수도 있기 때문이다. 목숨을 건 정당한 공무집행도 일단 법적 문제에 엮이면 지리한 법정 다툼이 있게 되고 경찰에게 과실 없음이 밝혀져도 이미 명예와 사기가 땅에 떨어진 후가 된다.

경찰이 불법 시위 현장에서 몸 사리고 눈치를 보며 자신들의 본분을 다 하지 못한다면, 다시 말해 공권력이 제대로 행사되지 않는다면 불법 시위로 인해 일반 국민들이 입는 피해는 보호되지 못한다.

다음은 공권력의 불행사로 인해 국민기본권이 어떻게, 얼마나 침해받고 있는지의 한 예이다

공권력의 불행사로 인한 대표적인 피해 사례는 2014년 4월, 나라 전체를 큰 슬픔에 빠지게 한 세월호 참사이다. 물론 국가 공권력의 가장 큰 책무는 국민의 기본권을 지키는 일이다. 또한 인간의 존엄성을 지키는 것은 생명권을 보장하는 것이 그 본질이다. 그 무엇과도 바꿀 수 없는 인간의 생명은 살아 있다는 것 그 자체이고 그것으로서 존엄하다. 인권 역시 동의어일 것이다. 인간의 생명보다 귀하고 본질적인 인권은 없다. 생명을 전제로 자유와 평등 그리고 행복추구권이 인정되는 것이다.

세월호 참사는 국민의 생명권이 박탈당하고 침해당한 심각하고 위중한 사태이다. 국민 모두가 내 자녀, 내 가족이 수몰당한 것 같은 슬픔에 빠졌을 때 사람들은 한결같이 그 상황에서 국가가 무엇을 했는지를 물었고 국가의 공권력이 국민의 생명을 지키는 데 무기력할 수밖에 없었다는 것에 심한 자괴감에 빠질 수밖에 없었다. 비상 상황 시 재빨리 현명한 판단을 하고 자신들에게 주어진 권한을 적절히 행사하여 인명 구조 및 현장을 수습하는 것

이 국민이 부여한 공권력의 의미이다.

그런데 현장에 출동한 해경은 우왕좌왕했으며 소방대와의 교신도 되지 않아 소방 헬기가 사고 지점을 헤매다 돌아갔고 해경 경비정은 배 안에 갇혀 있는 몇 백 명 어린 목숨은 생각도 못한 채 선원부터 구조하느라 분주했다. 만일 정상적인 공권력이었다면 선원들에게 승객부터 구출하라고 유도했거나 솔선하여 선체 진입을 시도했을 것이다. 그런데 그들에게는 위난에 대처하는 당당함도, 소신도, 확신도 가지지 못한 채 그냥 눈앞의 일만 겨우 처리하는 위약한 존재일 뿐이었다.

결국 대통령과 총리까지 현장에서 지휘를 했지만 대한민국의 공권력은 대형 재난 앞에서 끝내 갈팡질팡했다. 그 모습을 본 국민은 믿었던 국가 공권력의 실상을 깨닫고 위난 시 자신들의 생명을 지켜줄 실체가 없어 심리적 공황을 겪었을 것이다.

한 마디로 세월호 참사와 관련해서는 국가의 공권력이 아예 작동하지 않았다고 봐야 할 것이다. 물론 국민의 안전을 지키기 위해 의욕적으로 업무를 처리했던 공무원도 많았지만 공권력의 남용이라는 법적 처벌이 대다수 공무원의 공무 집행 의욕과 사기를 저하시킨 원인도 있을 것이다. 공무원들이 적당히 눈치를 보면서 자신들의 안위와 직위 유지에만 급급하게 될 때 국민의 생명이 위난에 노출되고 비상시 국가 권력은 쓸모없는 사후약방문이 된 사례가 세월호 참사일 것이다.

지금까지 우리 사회는 '공권력의 행사'에 의한 국민 기본권 침해만을 집중적으로 문제 삼아 왔다. 특히 경찰의 치안 유지와 불법 폭력 집단 행사에 맞선 정당한 법 집행을 공권력의 남용이라 몰아붙여 마치 경찰이 국민의 기본권을 침해하는 위협 세력인 양 대처해 왔다. 그런 분위기를 주도적으로 이끌어 온 것이 바로 민변이다.

민변은 주로 공권력의 행사로 인한 국민의 기본권 침해를 변론해 왔다. 민변은 특히 집회 시위의 과정에서 질서를 유지하고 불법 폭력 집회를 단속하려는 경찰의 치안 유지 행위를 '불법적인 공권력'이라거나 '타도' 혹은 '청산'해야 할 구시대의 권력으로 매도해왔다. 민변이 이렇게 공권력이 제대로 행사되지 못하게 훼방을 놓는 것은 일반 국민들의 입장에서 보면 '공권력의 불행사'를 강요하는 것이나 마찬가지가 된다. 공권력의 불행사로 인해 침해당하는 일반 국민의 기본권은 현실적으로 어디에 가서 그 구제를 요청해야 할지 필자도 의문이다.

국민의 기본권은 세월호 참사에서 보듯 '공권력의 불행사'로 인해 심각하게 침해당하고 있다. 우리 법은 공권력의 행사 또는 불행사로 인한 국민 기본권의 침해를 헌법재판소를 통해 구제하도록 하고 있다. 헌법재판소법 제68조(청구 사유) 제1항에 보면 "공권력의 행사 또는 불행사로 인하여 헌법상 보장된 기본권을 침해받은 자는 법원의 재판을 제외하고는 헌법재판소에 헌법소원

심판을 청구할 수 있다."라고 실려 있다. 공권력의 불행사로 인해 국민의 기본권을 침해당할 경우 이를 헌법재판소에 심판을 청구할 수 있다는 얘기다.

공권력이 법대로 정당하게 집행되지 않아서, 다시 말해 공권력의 남용으로 국민 기본권을 침해한 경우라면 그것은 당연히 구제해야 한다. 마찬가지로 공권력의 불행사가 국민의 생명과 안전을 지켜주지 못할 때도 국민은 준엄하게 국가를 향해 책임을 물어야 한다.

공권력의 불행사는 '부작위'라는 다소 어려운 말로 설명할 수밖에 없는데 여기에는 입법 부작위, 행정 부작위와 사법 부작위가 있다.

입법기관에 의한 기본권의 침해는 잘못된 법률로 기본권을 침해하는 경우와 법을 만들지 않음으로 인한 기본권 침해가 있다. 만약 잘못된 법률에 의해 기본권이 침해당했을 경우 위헌법률심사제도와 헌법소원제도를 통해 이를 시정해 나갈 수 있다. 법이 없거나 불충분한 이유로 국민의 기본권이 침해당할 수도 있는바, 이런 상황을'입법 부작위에 의한 기본권 침해'라고 한다.

그 가운데서도 '진정 입법 부작위'는, 헌법이 국회에 입법 의무를 지우고 있음에도 국회가 그 입법 의무를 이행하지 않아 법률이 존재하지 않는 경우를 말한다. 또 '부진정 입법 부작위'는 법률을 만들기는 했지만 불완전하거나 불충분하여 국민의 기본권을 침해할 수 있는데 이러한 불완전 혹은 불충분한 법률을 부진정 입법 부작위라고 한다.

법률의 불완전성이나 불충분성에 대해서는 헌법재판소에서 위헌법률심사제도를 통해 국민의 기본권 침해를 구제하고 있고, 법률이 없음으로 인한 입법 부작위에 대해서는 극히 제한적으로 헌법 소원을 인정하고 있다. 입법 부작위에 대한 헌법 소원은 두 가지 경우에만 할 수 있다. 첫째는 헌법에서 국민의 기본권 보장을 위해 입법 행위를 명시했음에도 불구하고 입법자인 국회가 법을 만들지 않았을 때이다. 또 헌법 해석상 특정인에게 구체적 기본권이 생겨 이를 보장하기 위한 국가의 의무 행위 내지 보호 의무가 발생하였음에도 불구하고 입법자가 아무런 입법 조치를 취하지 않은 경우이다. 이 두 가지 경우에만 헌법 소원을 할 수 있다.

세월호의 희생자 가족들과 국민들은 이제 입법 부작위에 대한 헌법 소원을 해야 한다. 피고는 당연히 입법자인 국회가 되어야 할 것이다. 입법 부작위에 관한 신문기사 하나를 살펴보자.

세월호 침몰로 인한 괴로움이 깊어갈 무렵 어느 야당 정치인이 "지금은 정치인인 것이 부끄럽고 고통스럽다."라고 한 말이 생각난다. 그 말이 진정성을 가지려면 그들 정치인이 세월호 참사에 어떤 원인을 제공했는지부터 성찰할 필요가 있다. 그들은 이 참사 예방에 직결된 해상 안전 사고 관련 법안들을 무슨 정치적 현안과 연계해 흥정거리로 삼거나 차일피일 미루어 왔던 사람들이다. '선박의 입항 및 출항에 관한 법률' '수난구호법' '해상안전법' 등이 국회에서 방치된 사이 재난은 강도같이 임했다. 온 국민을 단장(斷腸)의 슬픔으로 몰아넣은 데는 이들 입법 부작위도 한몫했다고 본다. 뿐만 아니라 그들은 제한된 국가 예산을 틀어쥐고 은밀한 홍정을 벌여 선심성 지역 예산을 빼가는 데 이골 난 사람들이다. 그 결과 정작 국민의 생명과 재산을 지키는데 써야 할 시설 설비 개선, 연구·개발 사업 등에는 국고 지원이 줄곤 했다(김일수 고려대 명예교수, 「국민일보」 2014년 4월 29일).

사법 부작위는 법원이 위헌 법률로 판단된 법률을 적용하여 기본권을 침해하는 경우를 말한다. 이러한 때에도 헌법 소원을 통해 구제를 받을 수 있다.

행정기관에 의한 기본권 침해는 법의 집행 과정에서 행해지는 경우가 많다. 잘못된 법률을 그대로 집행할 수밖에 없는 경우는 먼저 위헌 법률 심사를 통해 구제를 받을 수 있다. 물론 법률은 잘못되지 않았는데 이를 해석하고 적용함에 있어 권한의 남용 등으로 기본권이 침해당하는 경우가 있다. 그런 경우도 큰 문제이지만 헌법이나 법률이 있음에도 불구하고 이를 집행하지 않음으로써 기본권을 침해하는 경우도 지나쳐 볼 수는 없다. 이런 것이 바로 행정 부작위에 의한 기본권 침해다.

행정 부작위가 일어나지 않도록 하는 것이 각부 장관들의 헌법적 의무이다. 행정적 처리를 위한 근거가 될 장관 결정이나 고시가 없어서 일을 못 할 경우가 생기지 않도록 장관이 나서서 행정 입법을 시행해야 한다는 것이다. 예를 들어서 다음과 같은 경우이다.

산업재해보상보험법 제4조 제2호 단서 및 근로기준법시행령 제4조는 근로기준법과 같은 법 시행령에 의하여 근로자의 평균 임금을 산정할 수 없는 경우에 노동부 장관으로 하여금 평균 임금을 정하여 고시하도록 규정하고 있으므로, 노동부 장관으로서는 그 취지에 따라 평균 임금을 정하여 고시하는 내용의 행정 입법을 하여야 할 의무가 있다고 할 것인 바, 노동부 장관의 그러한 작위 의무는 직접 헌법에 의하여 부여된 것은 아니나, 법률이 행정 입법을 당연한 전제로 규정하고 있음에도 불구하고 행정권이 그 취지에 따라 행정 입법을 하지 아니함으로써 법령의 공백 상태를 방치하고 있는 경우에는 행정권에 의하여 입법권이 침해되는 결과가 되는 것이므로, 노동부 장관의 그러한 행정 입법 작위 의무는 헌법적 의무라고 보아야 한다(헌법재판소 2000헌마707 전원재판부, 2002년 7월 18일).

헌법재판소가 위 결정문을 내리게 된 이 사건의 개요는 다음과 같다.

1998년 1월 9일 제주도 서귀포 주민 두 명이 처음으로 옥돔잡이 어선에 승선해 조업을 하다가 사흘째 되던 날 어선이 풍랑으로 침몰하여 실종되는 일이 발생하였다. 주민들의 생사를 알 수 없는 상태가 3개월 이상 계속되자 사망한 것으로 추정하게 되었다. 이때 유족들은 근로복지공단에 산업재해보상보험법에 의한 유족 급여 및 장의비의 지급을 청구하였다.

그런데 근로복지공단은 조업을 하던 배가 산업재해보상보험의 적용 제외 사업장에 해당된다는 이유로 그 지급을 거부하였다. 유족들은 그 부지급 처분의 취소를 구하는 행정소송(제주지방법원 98구673)을 제기하였고 이 소송에서 유족들이 승소하였다.

문제는 유족 보상금과 장의비를 산정할 임금이 정해지지 않았다는 것이다. 유족들은 통상적으로 조업에 종사하는 사람들이 받는 소득을 기준으로 유족 급여를 신청했고, 근로복지공단은 임금을 받았다는 자료가 없다는 이유로 최저 보상 기준으로 지급할 것을 처분했다.

이에 대하여 청구인(유족)들은 앞의 처분의 취소를 구하는 또 다른 행정 소송을 제기했다. 소송 제기의 사유는 다음과 같다.

위 실종자들이 첫 출어에 나섰다가 월급을 받기 전에 재해를 당하였으므로 근로기준법의 관계 규정에 의하여 평균 임금을 산정할 수 없는 경우에 해당되고, 이런 경우 근로기준법시행령에 따라 노동부 장관이 정하는 바 또는 산업재해보상보험법에 의하여 노동부 장관이 정하여 고시하는 바에 따라 평균 임금을 산정하여야 할 것이나, 아직까지 노동부 장관의 정함이나 고시가 시행되지 않고 있으므로, 결국 근로자의 통상의 생활 임금을 사실대로 산정할 수 있는 방법에 의하여야 할 것인데, 신속하고 공정한 재판을 위하여 노동부 장관이 통계법에 근거하여 발표하는 임금 구조 기본 통계 조사 보고서에 의하여 평균 임금을 산정하는 것이 타당하다(제주지방법원2000구201).

이 소송 계속 중에 청구인들은 근로기준법의 규정에 의하여 위 실종자들의 평균 임금을 산정할 수 없는 경우에 해당함에도 불구하고 노동부 장관이 이에 관한 결정 또는 고시를 하지 아니함은 청구인들의 평등권, 재산권, 재판을 받을 권리 및 근로의 권리 등을 침해하는 것으로서 헌법에 위반된다는 이유로 2000년 11월 9일 이 사건의 헌법 소원 심판을 청구하였다. 다시 말해 장관이 당연히 행사해야 하는 공권력을 행사하지 않아 생긴 국민의 기본권 침해를 해결해달라는 취지의 청구였다. 헌법재판소는 이에 대해 청구인들의 손을 들어 주어 위에서 밝힌 바와 같이 결정했다.

이 사례는 행정 부작위로 인한 국민 기본권 침해를 구제해 준 헌법재판소의 보기 드문 결정에 해당한다. 즉 공권력의 불행사로 인한 국민 기본권 침해 역시 구제 받을 수 있다는 이야기이다. 공권력의 행사로 인한 기본권 침해를 구제해 달라는 헌법 소원의 판결은 수 천 건에 달하지만, 공권력의 불행사로 인한 기본권 침해를 구제하는 판결은 손에 꼽을 정도이다. 하지만 국민은 국가가 공권력을 행사하면서 기본권을 침해하는 경우 이외에도 공권력의 불행사 즉 공권력을 사용하지 않아서 발생한 기본권 침해에 대해서도 헌법 소원을 제기할 수 있음은 확실한 사실이다.

다음은 헌법재판소의 판례를 통해 공권력의 불행사에 대해 살펴본 것이다. 행정 권력의 부작위가 헌법 소원의 대상이 되기 위한 요건은 아래와 같다.

행정 권력의 부작위에 대한 헌법 소원은 공권력의 주체에게 헌법에서 유래하는 작위의무가 특별히 구체적으로 규정되어 이에 의거하여 기본권의 주체가 행정 행위 내지 공권력의 행사를 청구할 수 있음에도 공권력의 주체가 그 의무를 해태하는 경우에 한하여 허용된다(행정부작위 위헌 확인, 헌법재판소 판례 2011. 12. 29. 2009헌마621).

헌법재판소법 제68조 제1항에 의하면 공권력의 행사뿐 아니라 공권력의 불행사도 헌법 소원의 대상이 될 수 있다. 하지만 행정 권력의 부작위에 대한 헌법 소원은 공권력의 주체에게 헌법에서 유래하는 작위 의무가 특별히 구체적으로 규정되어 이에 의거하여 기본권의 주체가 행정 행위 내지 공권력의 행사를 청구할 수 있음에도 공권력의 주체가 그 의무를 해태하는 경우에 한하여 허용된다고 하는 것이 우리 재판소의 확립된 판례이다(헌재 1991. 9. 16. 89헌마163, 판례집 3, 505, 513; 헌재 2004. 2. 26. 2001헌마718, 판례집 16-1, 313, 320 참조).

위에서 말하는 "공권력의 주체에게 헌법에서 유래하는 작위 의무가 특별히 구체적으로 규정되어" 있다는 것은 헌법상 명문으로 공권력 주체의 작위 의무가 규정되어 있는 경우와 헌법 해석상 공권력 주체의 작위 의무가 도출되는 경우를 포괄하며 행정 입법을 통한 법률의 집행 의무 또한 헌법에서 유래하는 작위 의무에 포함된다(헌재 1998. 7. 16. 96헌마246 판례집 10-2, 283, 305 참조).

국민의 기본권을 지키는 주체는 국민이 위임해준 국가의 공권력이다. 국민 스스로 자신들의 생명과 자유와 행복을 지킬 수 있다면 굳이 국가에 그 권력을 위임해 줄 필요가 없을 것이다. 힘없는 시민들에게 칼과 총을 든 강도는 스스로 당해내기 어려운, 대단히 위협적인 존재이다. 그래서 칼과 총을 제압할 공권력이 필요한 것이고, 도둑과 사기를 막을 첨단 장비와 기술과 경험이 필요한 것이다. 이 필요에 의해 공권력은 국민으로부터 위임을 받아 국민의 생명과 재산을 지킨다. 뿐만 아니라 국가의 적으로부터 국민의 안녕을 지키고 경제적 어려움으로부터 국민의 복리후생을 지키는 책임이 국가에게 있다. 이 모든 것은 공권력의 정당한 행사로부터 가능하다.

그런데 무기력해진 공권력은 필요한 경우에도 그 행사를 꺼려한다. 그런 경우 헌법재판소에 기본권 침해에 대한 심판을 청구하면 구제받을 수 있다는 것은 앞에서 밝힌 바 있다.

만일 피해를 입은 국민이 공권력 불행사를 들어 심판을 청구한다면 그 상대는 경찰 등의 공권력이 될 것이다. 공권력을 행사했어야 하는 당사자가 경찰임으로 당연한 일일 것이다. 그렇다면 경찰 등에게 공권력을 행사하지 못하도록 협박한 민변의 책임과 잘못은 어디에 가서 따질 수 있는 것일까?

도로에서 느닷없이 불법 유턴하는 차량을 피하느라 옆의 차를 들이받았다고 가정해보자. 진짜 가해자는 처음 원인을 제공한 유턴 차량이다. 그런데 그는 모른 척 자기 갈 길로 가버리고 애꿎게 피하려던 차가 자기 차는 물론 받힌 차까지 수리해줘야 하는 경우가 있다.

만일 우리 사회에 정의가 실현되려면, 그래서 억울한 사람이 생기지 않게 하려면 주변의 CCTV를 뒤지든, 블랙박스를 뒤지든 최초의 원인 제공자 불법 유턴 차량을 찾아서 책임을 물어야 한다. 공권력 불행사로 인한 국민의 기본권 침해의 원인 제공자는 민변임을 잊어서는 안 된다. 애꿎은 경찰만 동네북으로 만들어서는 안 되는 것이다.

4부

민변과 재벌 대기업

1장

민변이 말하는 재벌 대기업

"한국 경제의 최대 리스크는 재벌이다. 재벌 체제를 이대로 두고는 복지 국가도, 한국 경제의 미래도 없다. 재벌을 개혁해야 비로소 한국 경제가 안정된다."

위의 말은 통합진보당이 2012년 국회의원 총선거에서 재벌 해체를 주장하며 내놓은 정책 속에 담겨 있다. 당시 통합진보당은 재벌규제법을 만들어 30대 기업 집단을 3천 개의 전문기업으로 전환하겠다고 공언했다. 이를 실현하기 위한 구체적인 방안까지 제시했는데 그 중 하나는 노동조합의 경영 참가를 통해 대기업이 민주적으로 경영되도록 견제한다는 것이다.

또한 통진당은 재벌을 개혁해야 청년 일자리가 생기고 중소기업이 발전한다고 주장했다. 결국 재벌 개혁이 경제 민주화를 완성한다는 논리이다.

재벌 대기업에 대한 민변의 관점 역시 통합진보당의 수준과 다르지 않다. 아래의 자료는 대기업에 대한 민변의 입장을 정리한 것이다.

· 유통 재벌들로 말미암아 국민들의 삶이 갈수록 힘들어지는 상황(2013년 2월 5일, 민생위 논평, '유통 재벌들의 증언감정법 위반 혐의에 대한 정식 재판 회부 결정을 환영한다.' 중)
· 폭리를 취하는 대기업과 운송사들의 과도한 착취는 물론(2012년 6월 27일, 공동성명서, '화물노동자의 노동기본권을 보장하고 표준운임제를 즉각 도입하라!' 중)
· 재벌과 중소기업, 소비자, 노동자 사이의 계층 간의 격차는 더욱 커지고 있습니다(2012년 6월 24일, 민생위 논평, '재벌 개혁과 경제 민주화를 위한 제도 개혁 과제(법제중심) 발표' 중).
· 현대자동차를 비롯한 다수의 재벌 기업에서 사내 하청이라는 이름 아래 직접 생산 공정에 불법 파견을 하고 있고(2012년 8월 30일, 공동성명서, '현대자동차 8,000여 사내 하청 노동자들의 정규직 전환을 촉구한다!' 중)
· 재벌 대기업의 독점 탐욕 경제 체제로 더 이상은 살 수 없다는

아우성(2012년 9월 26일, '홈플러스는 중소기업청의 조정 절차에 중소 상인들이 제시한 타협안에 적극적인 자세로 임하라.' 중)

· 잡식성 공룡에 비견되는 유통 재벌의 등장(2012년 11월 7일, 의무휴업제 지키기 유통법 헌법 소원 기각 의견서 제출 기자 회견에서)

· 재벌의 범죄 행위를 시정하려는 노동자들의 행동에 대해서는 즉각적으로 재갈을 물리면서(2013년 1월 10일, 성명서, '현대자동차의 농성장 철거 시도, 형평성을 상실한 법원의 가처분 결정과 집행을 중단하라!' 중)

· 방귀 뀌어놓고 큰소리치는 것은 재벌이 취해야 할 태도가 아니다. 희망버스 시민들과 노동자들에 대한 겁박을 즉각 중단하라!(2013년 7월 22일, 성명서, '현대차와 보수 언론은 희망버스 시민들과 노동자들에 대한 공격을 즉각 중단하라!' 중)

· 만일 고용노동부가 삼성 재벌의 편을 들어 위장 도급의 객관적 근거에 눈을 감고(2013년 9월 16일, 성명서, '고용노동부는 삼성전자서비스에 대한 수시 감독 내용 전모를 즉각 공개하라!' 중)

· 결국 국민의 철도를 재벌과 대기업의 소유로 팔아버리려는 우회적 민영화로 이어질 것(2013년 12월 16일, 성명서, '철도 민영화 중단을 위한 철도노조의 파업을 지지한다. 철도노조 조합원들에 대한 체포 영장 청구를 철회하라!' 중)

· 현대차 재벌의 불법 파견에 대한 엄정한 판결을 통해 왜곡된 고용 질서를 올바르게 시정할 것을 촉구(2014년 2월 17일, 노동위 성명, '현대차 불법 파견에 대한 늑장 재판은 법원의 직무 유기!' 중)

민변은 재벌 및 대기업을 '악의 축' 정도로 생각하고 있다. "대기업의 부도덕하고 불법적인 경영 문제, 유통 재벌과 언론의 농간, 폭리를 취하는 대기업, 대기업과 보수 언론의 전횡 폭거, 재벌 대기업의 독점 탐욕 경제 체제, 잡식성 공룡, 재벌의 범죄 행위" 등의 표현은 악의 축을 넘어선다. 마치 대기업을 척결해야 우리 사회의 민주화가 완성될 것처럼 민변은 호도한다. 이는 앞에서 살펴본 통합진보당의 재벌 해체론과 같은 맥락이다.

대한민국의 정체성은 자유민주주의와 시장 경제 체제에 있고 '한강의 기적'을 빼 놓고는 대한민국의 오늘을 설명하기 어렵다. 박정희 개발 독재는, 한편으로는 긴급조치 발동 등으로 국민의 인권을 유린했지만 또 다른 편으로는 산업화의 성공이라는 신화를 만들었다. 재벌 및 대기업은 우리나라의 경제 성장에 큰 몫을 감당했고, 지금은 더 큰 역할을 담당하고 있다.

그러한 관점에서 보면 민변의 재벌 및 대기업 비판은 한국의 현대사를 부정하는 것으로 보인다. 다음에 몇 가지 자료를 제시하여 민변의 재벌관에 대해 비판하고자 한다.

2장

삼성전자의 법인세는 3.2조 원

아래의 표는 기업(법인)의 매출과 이익, 그리고 법인세(2010년)를 정리한 것이다.

연도별	총 법인수	이익 법인수	이익법인 매출	당기순 이익	법인세 총액
2007년	37만 2,141	24만 7,868	2,193조	149조	30조
2008년	39만 8,331	26만 4,206	2,524조	171조	37조
2009년	41만 9,420	27만 3,142	3,309조	160조	35조
2010년	44만 23	29만 3,275	3,173조	185조	30조

기업(법인)의 매출과 이익, 그리고 법인세(2010년)

주요기업 (24개)	직원수 (본사)	연간급여총액 (본사)	연결 기업매출	당기순이익	법인세 부담액
삼성전자	9만 5,659	7.9조	155조	16.1조	3.2조
현대.기아	8만 8,736	7.2조	113조	8조	2.5조
LG전자	3만 2,972	2.1조	56조	1.3조	–
SK이노베이션	5,458	3,330억	54조	1.2조	3,840억
GS칼텍스	3,158	1,940억	35조	9,000억	1,160억
포스코	1만 6,390	1조	33조	4.2조	9,470억
삼성생명보험	6,062	4,990억	26조	1.9조	6,850억
LG디스플레이	3만 117	1.3조	26조	1.2조	1,060억
SK네트웍스	3,852	1,670억	23조	2,000억	590억
현대중공업	2만 4,222	1.8조	22조	3.8조	1조 200억
케이티	3만 1,155	1.8조	21조	1.2조	3,720억
S-oil	2,551	1,590억	21조	7,000억	1,680억
LG화학	9,304	5,720억	19조	2.2조	6,170억
롯데쇼핑	2만 1,983	6,130억	14조	1조	3,170억
현대오일뱅크	1,804	980억	13조	3,000억	590억
삼성중공업	1만 3,204	9,260억	13조	9,000억	2,610억
삼성물산	5,049	3,460억	13조	5,000억	1,290억
SK텔레콤	4,421	2,930억	12조	1.4조	4,060억
대한생명보험	4,157	2,230억	12조	5,000억	1,680억
대우조선해양	1만 2,116	8,570억	12조	8,000억	2,440억
하이닉스반도체	1만 8,094	1.1조	12조	2.7조	390억
대한항공	1만 7,146	1.1조	11조	5,000억	1,520억
신세계	1만 6,378	5,500억	11조	1.1조	810억
현대제철	8,268	5,750억	10조	1조	136억
주요기업합계	47만 2,256	31조 6,000억	737조	53.4조	12조

기업(법인)의 매출과 이익, 그리고 법인세(2010년)

통계로 보는 대한민국과 몇 편의 글과 감성으로 평가하는 대한민국은 현격한 차이가 있다. 과연 재벌 기업이 국민의 적이고 근로자를 착취하는 기관이고 항상 개혁해야 할 대상이 되고 있는지 위 표를 보면 확연히 알 수 있다.

표에서 2010년 우리나라 기업 현황을 살펴보면 전체 법인과 주요 대기업의 매출 대조가 흥미롭다. 그 중 삼성전자 한 회사의 매출액과 법인세액이 갖는 의미를 생각해보자.

매출 1위의 삼성전자는 2010년 한 해 동안 155조 원의 매출을 발생시켰다. 연결 기업이란 삼성전자와 재무제표가 연결된 기업을 말하며 전 세계 각국에 흩어져 있는 판매 법인 혹은 기타 공장 등을 포함한다. 삼성전자의 본사 직원 숫자는 9만 5,659명이며 이들에게 연간 7.9조원의 급여를 지급했다. 155조 원의 매출액 중 당기 순이익은 16.1조 원이며 최종 확정된 법인세는 3.2조 원에 이르고 있다.

현대자동차와 기아자동차는 연결 기업으로 묶여 있어 한 곳에 표시했다. 현대자동차가 대표 기업이기에 현대자동차의 정기 공시 중 2010년 사업보고서의 재무제표를 분석한 결과가 표에 두 번째로 기록되었으며, 매출액이 큰 것 순으로 기록했다.

표에 의하면 이들 24개 기업의 2010년 매출액은 737조 원에 달했다. 44만개 기업 전체의 매출액이 3,600조 원임에 비해 이들 24개 기업이 전체 매출액의 20%를 차지한다는 것을 알 수 있다. 또한 이들이 고용한 총 직원 수는 47만 명을 넘으며, 이들에게 31조 원의 급여가 지급되고, 국가에 내는 세금은 12조 원에 이른다.

통계청 자료만 가지고 본다면 상위 500여 개 기업이 16.6조 원의 법인세를 내고 있음을 알 수 있는데, 그중 24개 기업이 12조 원의 법인세를 내고 있다. 또 그 중에서 1위 기업인 삼성전자 하나가 3.2조원의 법인세를 내고 있다.

이 3.2조 원은 얼마나 큰 돈일까? 우리나라 기초 수급자는 2010년을 기준으로 156만 명에 달한다. 이들에게 지급하는 기초 수급 비용이 3.9조원이라면 비교가 될 듯싶다. 또는 750만명 초중고 학생들에게 무상 급식을 하기 위한 추가 재원이 3조 원쯤 된다. 각 시도를 대표하는 국립대학 10여 개의 예산 총액을 합한 정도라고 보면 된다.

주요 24개 기업에는 삼성, 현대, LG, SK 그룹이 거의 대부분을 차지하고 있다. 경제 민주화를 주장하는, 기득권을 가진 정규직 노동자들(강남 좌파들)은 자신들에게 고액의 연봉을 안겨주는 기업은 손대지 말고 기업의 오너, 즉 재벌 일가만을 손봐야 한다고 말하고 있다. 대기업과 재벌의 소유 구조를 손보는 것도 좋으나 그럼에도 불구하고 지속적으로 국민을 착취하는 구조가 여전히 남아 작용한다면 그것은 더 큰 불행이다.

국가를 바라봄에 있어 이기적으로 바라보면 안 된다. 아버지를 실업자로 만들더니 아들·딸들에게 희망마저 가져가버리는 현상이 곳곳에서 나타나고 있다. 노동자가 노동자를 착취한다는 기상천외의 명제는 한국 사회에서 특이한 현상으로 나타났고, 이러한 현상이 고착화되면 절대 안 된다는 다급함을 전제로 필자는 『한판 붙자 강남』이라는 책을 저술한 바 있다.

다시 삼성전자의 법인세 부분에서 그 위상을 살펴볼 때 노키아가 불과 4~5년 사이에 그 존재감이 사라지듯 삼성전자가 그런 위기에 처한다면 국가 경제에 위기가 닥칠 것이 예상된다. 3.2조원의 법인세가 사라짐은 물론이려니와 직원 10만여 명과 그들에게 지급하는 8조원 가량의 급여가 사라진다. 그리고 관련된 수많은 계열사의 도산 등등 국가 경제가 휘청할 수밖에 없다는 결론에 이른다. 그래서 우리나라에서 재벌을 없앨 것이 아니라 오히려 삼성전자와 같은 또 다른 거대 글로벌 기업이 계속 성장하고 나타나야만 하는 것이다.

3장

민변은 부유한 기득권층의 편이다

과연 연봉 1억 원을 받는 근로자는 어떤 사람인지, 더불어 강남 좌파는 누구인지, 그리고 그 부(富)의 원인이 무엇인지 지금부터 알아보자. 그들이 그렇게 부유하게 살 수 있는 것이 사회 구조의 영향인지, 아니면 개인의 노력과 재능과 운이 작용한 것인지도 따져 보자.

소득 상위권 근로자는 대기업 종사자들이 가장 큰 숫자를 차지할 것이다. 앞의 표에서 살펴보았듯이 24개 주요 기업의 직원 숫자만 해도 47만 명을 넘으니 이들을 여기에 포함시키는 것은 무리가 아니다. 위의 표에 들어가지 못한 나머지 100대 기업의 직원들이 소득 상위권 근로자에 포함될 가능성이 높으며 그 수는 30만 명 정도로 추산된다.

우리 사회에서 연봉이 가장 높은 직장을 찾는 일은 그리 어렵지 않다. 취업 선호도 순으로 정해져 있기 때문이다. 취업자들이 대기업 다음으로 가고 싶어 하는 곳은 바로 공사이다. 2010년을 기준으로 전체 297개의 공사에는 24만 3,752명의 직원이 일한다. 그들은 평균 6,200만 원의 연봉을 받고 있으며 그들의 연간 인건비 총액은 15조 원에 이른다.

24개 주요 대기업 근로자의 평균 연봉이 6,700만 원이고 그들의 숫자는 47만 명, 공사 직원 24만 명의 평균 연봉이 6,200만 원이라면 결국 이들은 조만간 1억 원대의 연봉을 받는 사람들 반열에 들어설 것을 의미한다.

고소득자 145만 명 중 100대 기업의 직원이 77만 명, 공사 직원이 24만 명이니 아직 40여만 명이 더 남은 셈이다. 고소득자로 가장 가능성이 큰 그룹이 초·중·고등학교 교원들이다. 전국 초중고 공사립 포함 교원의 총수는 2008년 기준 39만 4,000명 정도이며, 이들이 받는 평균 보수는 연간 5,193만 원에 이른다. 그 중 6,000만 원 이상의 연봉을 받는 사람을 대략 15만 명 정도로 볼 수 있다. 대학 교수들도 7만 명을 넘는다. 145만 명 중 나머지 30만 명에는 잘 나가는 중소기업 직원들이나 고위직 공무원들이 포함되어 있을 것이다.

이들은 우리 사회의 기득권층이고 이들 중 상당수가 강남 좌파로 분류된다. 이들보다 영어 실력이 부족하고 가방끈이 짧거나 약해서 이들 대열에 합류하지 못한 90%의 대한민국 근로자들은 절망하고 있다. 절망하는 근로자 중 중위권 소득은 이들 강남 좌파 소득의 1/3, 하위권 소득은 1/8에 불과하다는 것이 오늘날 대한민국 근로자들의 임금 현실이다.

우리나라의 부자는 '1%'가 아니다. 소위 '1% 부자'에게 세금을 더 걷어 '99% 서민'에게 복지를 제공한다는 구호는 우리나라 실정상 전혀 맞지 않는 이야기이다. 이것은 국민을 극소수 부자와 대다수 서민으로 편 가르기하고 선거철에 표를 달라는 구호이자 선전 선동에 불과하다.

차라리 모든 국민의 소득세율을 높이자고 해야 옳다. 그래도 어차피 세금을 더 내는 사람들은 상위 10%에 불과하다. 1% 부자에게만 세금을 더 걷자는 얘기는 강남 좌파가 자기 보호를 위해 하는 주장이다. 소득세율을 높이면 대다수 국민이 조세 저항을 느낄 것이라는 말은 옳지 않다. 이는 오히려 상위 10%의 강남 좌파의 조세 저항이라고 해야 될 것이다.

이들 소득 상위 10%의 강남 좌파들은 민주당과 소위 진보적인 정당들은 물론 새누리당에도 가득 차 있다. 이들은 기회만 되면 정치 세력에 붙어 국가 정책의 결정에 중요한 역할을 하려 든다. 그러나 나머지 90%의 국민은 먹고 살기 바빠 정치적 영향력을 발휘하기 매우 어려운 구조 속에 살고 있다. 그런 이유로 어쩔 수 없이 10%의 강남 좌파의 집단이기주의에 휘둘리며 속고 있는 것이다.

이제 전선은 '1% : 99%' 가 아닌 '10% : 90%' 로 다시 그어야 한다. 10%에 해당하는 기득권층은 자신들이 부담해야 할 몫은 피하고 싶고 자신들이 부담해야 할 조세를 자신들보다 훨씬 많이 번다고 생각하는 1%의 부자들에게만 전가하기 위해 혈안이 되어 있다. 그것은 결국 소수 재벌들에게로 화살이 향해 있으며 이는 다시 우리나라의 경제적 번영을 헤치려는 음모로 번지고 있다.

민변에 대한 책에 세금과 소득 이야기가 왜 이리 길게 나오는지 독자들은 의아해 할 것이다. 하지만 앞에 한 이야기도 결국은 재벌을 해체하자는 민변의 주장과 관련된 것이다. 자신들의 책임은 피하고 소수 재벌에게만 부담을 안기려는 세력의 배후에는 민변이 자리 잡고 있다. 민변은 10%의 정규직 귀족 노조를 대변하는 역할에 충실하고 있다. 그리고 그들이 나머지 국민들로부터 받아야 할 비난의 화살을 극소수의 재벌에게로 방향을 돌리는 데 민변이 앞장서고 있다.

4장

재벌 기업은 왜 민변을 선택하는가?

재벌 기업을 바라보는 민변의 시선이나 관점에도 커다란 문제점이 있지만 놀랍게도 재벌 기업들은 자신들을 해체하려는 민변을 돕고 있다. 소설가 복거일 씨는 그런 행태에 대해 다음과 같이 지적하였다.

한국의 우익 세력은 국가의 혜택을 받으면 받을수록 국가의 체제와 이념을 지키는 일에서 더 멀어진다는 특징이 있습니다. 가진 것, 지킬 것이 많기에 좌파의 표적이 되기 싫은 거지요. 우파에 관련된 일에 더욱 적극적으로 외면합니다. 오히려 좌파를 키우지요. 좌파 단체들 다 빌딩 갖고 있는데 그 돈이 어디서 나올까요? 재벌들 주머니에서 나옵니다. 재벌들이 오히려 좌파 변호사 단체인 '민변' 소속 변호사들을 씁니다. 외국에 비밀 계좌를 만든다든지 자기 이익만 살피는 꼴은 아주 혐오스럽습니다. 얼마 전 한 서울의대 교수와 얘기를 나누는데 자기는 '공산주의가 이론적으로는 옳다고 생각한다.'라고 그러더군요. 강남 좌파, 캐비어 좌파라는 말도 있지만, 누구보다도 자본주의 체제의 과실(果實)을 따먹고 있는 자들의 이중성이란. 좌익의 문제점을 말 안 하렵니다. 사서 매를 벌 필요가 없으니까(신용관, 「조선닷컴」 2013년 11월 8일, '복거일과의 인터뷰 - 좌파 단체 지원하는 한국의 우파들 혐오스럽다.' 중)

결국 재벌이 자신들을 공격하는 민변에게 사무실을 내주고 그 변호사들을 고용하는 이유는 그들의 표적이 되기 싫어서라는 것이다. 만일 민변과 정면에 서서 대항한다면 민변은 뭔가라도 꼬투리를 잡아 재벌에 흠집을 낼 것이다. 옛말에 '털어서 먼지 안 나는 사람은 없다.'라는 말이 있다. 하물며 거대한 조직인 재벌이 무결점 경영을 하기는 어렵다. 민변 같은 법률 전문가 집단이 협조적이지 않은 기업의 꼬투리를 잡기는 손바닥을 뒤집는 것처럼 쉬운 일일 것이다.

우리나라처럼 SNS의 영향이 큰 나라에서는 기업에 흠집 내고 경영에 타격을 주기가 더욱 쉽다. 뭔가 큰일인 것처럼 터트려서 국민들을 자극해놓고 나중에 '아님 말고.' 하며 물러서는 식으로 일을 만든다. 예를 들면 이런 과정이다. 어떤 기업의 제품에 인체에 치명적인 성분이 들었다고 발표를 하는 것이다. 그러면 언론에 대서특필될 것이고 국민은 놀라 시장에서 그 제품을 외면하게 된다. 그 제품에 든 성분이 정말 건강에 해를 끼치는지를 조사하려면 시간이 걸린다. 그동안 기업은 막대한 손해를 입는다. 또 아무런 해가 없다고 해도 그런 기사는 신문 귀퉁이에 조그맣게 실린다. 진실이 밝혀진 후에도 대부분의 사람이 진실을 제대로 모르게 된다.

개인이 하는 행동이 아니라 민변이라는 단체, 소위 '민주 사회를 위하는' 단체의 영향력은 말할 수 없이 크다. 민변은 그런 영향력을 등에 업고 재벌 기업에 접근한다. 결국 민변은 재벌들을 협박하여 돈을 뜯는 것이나 마찬가지의 행태를 하고 있다. 재벌 기업은 문제를 일으키지 않으려고 민변을 돕고 있는 것이다.

이렇게 '삥을 뜯기는' 상황이 아니라면 자신들을 해체하자고 나서는 민변을 재벌 기업이 왜 도우려 하겠는가? 민변과 재벌과의 관계가 이런 것이 아니라면, 재벌 기업은 자신들의 무덤을 파는 것을 감수하고라도 '민주 사회'로 나아가는 것을 돕는 무척 훌륭한 집단이라 봐야 할 것이다. 기업은 자선단체가 아니다. 민변을 도와야 자신들이 생명을 유지할 수 있기에 민변을 돕고 있는 것이다.

이런 상황을 볼 때 민변이 입버릇처럼 내세우는 재벌 해체는 절대로 불가능한 일이다. 재벌 기업의 해체는 곧 민변의 돈줄을 자르는 것이기 때문이다. 숙주를 공격하되 죽이지 않는 기생충들이 있다. 왜? 숙주가 죽으면 기생충 자신도 죽기 때문이다. 민변과 재벌 기업과의 관계는 이런 기생충과 숙주와의 관계와도 같다. 그러니 민변이 내세우는 재벌 해체는 그냥 괜히 해보는 궤변에 불과하다.

5부
민변과 노조

1장

민변과 귀족 노조

민변은 귀족 노조의 전담 변호인이다. 또 노조 가운데서도 가장 문제가 많은 전교조의 구원 투수이다. 귀족 노조와 전교조가 어려움에 봉착하면 민변이 해결을 위해 앞장선다. 쌍용자동차 노조가 덕수궁 대한문 앞에서 분향소를 차리고 1년 내내 집회·시위를 하자 경찰과 서울 중구청이 이를 제지하기에 이르렀다. 그러자 민변은 소송을 통해 분향소를 지켜 주었다. 물론 아직 끝나지 않은 싸움이다. 우리나라의 사법제도는 '못 먹어도 고' 한다는 고스톱판이나 다름없다. 주요 시국 사건은 거의 모두 대법원 판결, 나아가 헌법재판소의 결정까지 지켜봐야 한다. 아니 헌법재판소의 결정이 있어도 그 결과에 겸허히 승복하지 않는다. 법원이나 헌법재판소의 판결과 결정에 대한 존중 따위는 사라진지 오래다. 자신들이 원하는 결과가 나오지 않으면 또 다른 명목으로 소송을 줄줄이 이어간다. 법치주의라는 말이 무색할 정도로 대법원과 헌법재판소의 판결마저 무시하거나 개탄 또는 규탄하는 행태가 반복되고 있다. 법률가 집단인 민변이 특히 대법원 및 헌법재판소의 판결을 무시하고 있다.

다시 대한문 앞 분향소 이야기로 이어가자. 덕수궁 대한문 앞 도로는 1년 연속 쌍용차 노동자 분향소로 사용되었다. 이에 대해 경찰과 서울 중구청이 불법 집회라며 행정 대집행을 하자 민변은 소송을 했고 법원은 민변의 손을 들어 주었다. 사건의 전말은 다음과 같다.

지난 2012년 4월 5일~2013년 4월 4일 쌍용자동차노조는 대한문 앞 세종대로 보도에 천막을 설치하고 시민들의 보행권을 침해했었다. 또 광화문 파이낸스센터 건물 앞 보도에 6.25전쟁 관련 다량으로 설치돼 수년 간 시민 불편을 초래한 시설물은 지난 11월 6일 철거됐다."(「문화일보」 2013년 12월 3일)

서울행정법원 행정6부(재판장 함상훈)는 6일 민주사회를 위한 변호사모임(민변) 노동위원장 권영국 변호사가 "경찰이 지난 7월 쌍용차 노동자 분향소가 설치됐던 서울 덕수궁 대한문 앞 집회를 금지한 것은 위법하다."라며 서울 남대문경찰서장을 상대로 낸 소송에서 "참가 예정 인원이 30여 명에 불과해 주변 교통 소통이 심각하게 저해되지 않아 경찰이 집회 금지 처분을 내린 것은 위법하다."라고 원고 승소 판결했다. 서울 중구청은 지난 4월 대한문 앞에 설치된 분향소와 천막 농성장을 철거하고 화단을 설치했다. 권 변호사는 지난 7월 대한문 앞 집회를 열겠다며 경찰에 집회 신고를 했으나 불허하자 소송을 냈다(「조선일보」 2013년 12월 7일).

이 사건 외에도 굵직한 노사 갈등 사건에는 반드시 민변 변호사의 이름이 등장한다. 권두섭 변호사는, 지난 2008년 '거짓과 광기의 100일' 촛불 집회에 참여한 금속노조 부위원장에 대해 쌍용자동차 노조와 공모하여 위력으로 쌍용자동차의 업무를 방해하였다는 내용의 원심 판단을 수긍한 사례의 재판에서 변론을 맡았다. 권두섭 변호사는 아래의 사례 외에도 민주노총법률원에 근무하면서 민변의 여러 선언문에 그 이름을 올리고 있다.

사례1 [업무 방해·건조물 침입·폭력 행위 등 처벌에 관한 법률 위반(집단·흉기 등 퇴거 불응)][공2011하,2496]

【판시사항】

① 전국금속노동조합 부위원장인 피고인이, 공장 점거 파업 중인 갑 주식회사 노조(이하 '지부'라고 한다)와 공모하여 위력으로 갑 회사의 업무를 방해하였다는 내용으로 기소된 사안에서, 지부의 불법 파업으로

인한 업무 방해 행위에 대한 암묵적인 공모 및 그에 대한 본질적 기여를 통한 기능적 행위 지배를 인정하여 유죄를 인정한 원심 판단을 수긍한 사례

【피 고 인】 피고인

【상 고 인】 피고인

【변 호 인】 변호사 권두섭

【원심판결】 수원지법 2010. 6. 1. 선고 2009노6179, 2010노761 판결

(종합법률정보 판례, 대법원 2011.10.27. 선고 2010도7733 판결 중)

민변 변호사들은 위험한 물건인 몽둥이와 죽봉 등을 휘두른 시위 참가자들도 변호했다. 시위 참가자들은 용역 경비원으로 일하고 있던 피해자들을 흉기로 폭행하거나 상해를 가했다. 그런데도 민변은 가해자인 시위대 편에 선 것이다.

아래는, 이 사건을 다룬 재판에서 노조 지회장의 공모·공동 정범으로서의 책임을 면할 수 없다고 판단한 원심 판결을 수긍한 사례의 자료이다. 이 재판에서 김기덕 변호사 외 3인이 노조 지회장의 변호를 맡았지만 노조 지회장의 죄책은 인정되고 말았다. 김기덕 변호사는 금속연맹법률원의 변호사이며 역시 민변 회원으로 여러 선언문에 이름을 올리고 있다.

사례2 [폭력 행위 등 처벌에 관한 법률 위반(집단·흉기 등 상해)·폭력 행

위 등 처벌에 관한 법률 위반(집단·흉기 등 주거 침입)·업무 방해·폭력행위 등 처벌에 관한 법률 위반(집단·흉기 등 폭행)][미간행]

【판시사항】

① 공모 공동 정범의 성립 요건

② 몽둥이 등을 든 일부 조합원들이 집회 장소를 지키고 있던 용역 경비원들을 폭행하거나 상해를 가한 사안에서, 현장에 같이 있었던 조합 간부에게 공모 공동 정범의 죄책을 인정한 사례

【전 문】

【피 고 인】 피고인 1외 2인

【상 고 인】 피고인 3 및 검사

【변 호 인】 변호사 김기덕 외 3인

【원심판결】 대전지법 2008. 11. 20. 선고 2008노2032 판결

(종합법률정보 판례, 대법원 2009.08.20. 선고 2008도11138 판결 중)

민변은 비단 두 건 만이 아닌 수없이 많은 노조의 사건에 개입해 왔다. 민변이 발표한 574건의 성명서나 논평 등에 등장하는 노조 관련 건수는 31개나 된다. 민주노총 산하의 전교조를 언급한 성명서나 논평까지 합하면 38개로서 민변이 노조의 대변자 역할을 했다고 봐도 지나치지 않다.

위 판례 사례에 의하면 민변이 변호를 맡았던 노조들은 '불법파업으로 기업의 업무 방해'를 일삼는가 하면 '몽둥이나 죽봉을

들고 경비업체 직원들에게 폭행'하기도 했다. 결국 민변은 불법 파업에 의한 업무 방해나 노조의 폭력 시위를 변호했던 것이다.

다음은 민변 홈페이지에 실려 있는 민변과 노조의 관계를 나타내는 성명서나 논평, 의견서 등의 제목들이다.

· 다산콜센터 콜상담원 노동자들의 민주 노조 결성을 지지한다(2012년 9월 24일).
· 이주 노조 집행부 강제 퇴거 등에 대한 헌법재판소의 합헌 결정을 규탄한다(2012년 8월 27일).
· 서울특별시의 서울청년유니온 노조 설립 신고증 교부를 환영한다(2012년 3월 15일).
· YTN 노조원 징계 사건 판결에 대한 논평(2011년 4월 15일)
· 전교조 시국 선언, 공무원 노조 법원 판결 매우 실망스럽다(2010년 9월 13일).
· 철도 노조 지도부에 대한 구속 영장 발부를 강력히 규탄한다. 노동자에 대한 공안 탄압을 즉각 중단하라(2014년 1월 17일).
· 김정우 금속 노조 쌍용자동차 지부장 구속을 강력히 규탄한다(2013년 6월 13일).
· 고용노동부는 전국공무원노조 설립 신고에 대한 해괴한 망동을 즉각 중단하라(2012년 3월 30일).
· 금속노조 현대자동차 비정규지회 조합원들에 대한 현대자동

차의 손해 배상 청구를 규탄한다(2010년 12월 9일).

- 추미애 위원장과 한나라당의 노조법 날치기 강행 통과를 강력히 규탄한다(2009년 12월 30일).
- 공무원노조 선거 봉쇄 지침 철회하라(2006년 1월 26일).

2장

민변과 전교조

민변은 또 하나의 귀족 노조인 전교조의 활동에도 깊이 관여하고 있다. 민변에게는 사안이 무엇인가는 중요하지 않다. 자기편을 정해놓고 어떤 사안이든 자기편이 옳다는 식의 논리를 펴왔다. 전교조도 대표적인 민변 쪽 단체이다. 민변은 시국 선언에 참여한 전교조 교사들을 옹호하기도 한다. 전교조 교사들이 무죄 판결을 받을 때는 아래와 같이 환호하기도 한다.

전주지방법원(담당판사 김균태)은 2009. 6. 시국 선언에 참여하였던 전북 지방 교사 4인에 대하여 전부 무죄 판결을 선고하였다. 우리는 위 판결을 크게 환영하며, 애초 시국 선언 참여를 이유로 혐의를 인정한 검찰의 기소가 정치적이고 크게 잘못된 것임을 다시 한 번 지적하고자 한다(2010년 1월 19일).

그런데 위 판결은 항고심과 대법원 확정 판결을 통해 최종적으로 유죄로 판명났다. 무죄 판결에 크게 환영했던 민변이 대법원 최종 확정으로 유죄 판결이 난 것에 대해 어떤 반응을 보였을지는 보지 않아도 알 만한 일이다.

민변 변호사들은 김일성 부자와 주체사상, 선군 정치를 노골적으로 찬양하고 북한 사회주의 체제를 적극적으로 지지하는 내용의 자료집을 만들어 동료 교사들에게 강의를 한 전교조 교사를 변호하기도 했다. 학교라는 대한민국의 제도권에 몸담고 있는 교사가 북한의 선전, 선동을 그대로 전파한다는 것은 대한민국을 우습게 여기는 처사이다. 다른 직업도 아니고 교사이니 더욱 문제가 된다. 교사가 학생들에게 모범을 보여야 한다는 얘기까지는 할 필요도 없다. 다만 자신의 월급이 어디서 나오는지만이라도 생각했다면 이런 짓을 저지르지는 않았을 것이다. 우리나라의 교사들은 사립, 공립을 가리지 않고 모두 국민의 세금으로 월급을 받는다.

민변에게는 그런 양식의 문제는 중요하지 않은 것 같다. 국가보안법 위반으로 징역 10월 집행유예 2년에 처해진 전교조 교사를 변호했던 '법무법인 부산'의 정재성 변호사는 민변 회원이었다. 정재성 변호사는 지난 2004년 '비정규 노동법 개악 저지를 요구하는 법조계 선언자' 명단에 민변 회원으로 이름이 올라 있다.

사례1. 판결문 [국가보안법 위반(찬양·고무 등)][미간행]

【피 고 인】 피고인 1 외 2인

【검 사】 정중근

【변 호 인】 법무법인 부산 담당 변호사 정재성

【주 문】 피고인들을 각 징역 10월에 처한다. 다만, 이 판결 확정일로부터 각 2년간 피고인들에 대한 위 각 형의 집행을 유예한다.

【범죄 사실】 피고인 2는 2005년 전국교직원노동조합(약칭 '전교조' 이하 전교조라 한다) ㅇㅇ지부 통일위원회 사무국장, 2006년 동 지부 통일위원장을 역임하고 …… 북한이 김일성과 공산당을 찬양하는 내용으로 왜곡·조작한 역사서인 『현대조선력사』의 내용을 그대로 수용하여 정당화·미화하는 내용인 위 통일학교 자료집의 제1강 '일제 시대의 해방 투쟁'부분을 읽어주고 의문점에 대해 질의 응답하는 형식으로 강의하여, 북한이 역사를 조작한 '조선혁명군' '조선인민혁명군' '조국광복회' '조국 해방의 최후 공격 작전' '항일 무장 투쟁의 의의' 부분과 관련하여 위 『현대조선력사』 중 '제1편 항일 혁명 투쟁' 부분을 여과 없이 그대로 소개하여 북한이 날조한 역사를 동조·선전하고, …… 북한이 김일성과 공산당을 찬양하는 내용으로 왜곡·조작한 역사서인 『현

대조선력사』의 내용을 그대로 수용하여 정당화·미화하는 내용인 위 자료집 2강 "해방 이후 이북의 현대사" 부분을 강의하여, 북한의 위 『현대조선력사』 중 '제2편 새조국 건설, 조국 해방 전쟁' '제3편 사회주의 건설과 조국 통일을 위한 투쟁' 부분을 그대로 요약·발췌하였다는 설명도 없이 북한의 역사 기술을 여과 없이 그대로 전달하여 북한이 날조한 역사를 동조·선전하고, …… '통일학교'의 자료집 3강 "북미 핵 대결에서 드러난 이북의 새로운 사상은 무엇인가?" 부분을 강의하여, 북한 김정일의 통치 수단이자 통치 노선인 선군 정치 노선을 그대로 전달하여 동조·선전하는 등 ……(종합법률정보 판례, 부산지방법원 2009.02.13. 선고 2007고단3770 판결 중)

또 이런 일도 있다. 2009년 시국 선언에 참여한 전교조 교사들에 대해 법원은 벌금 100만 원을 선고했는데, 이 재판에 변론자로 나선 정연기 변호사도 민변 회원으로 보인다. 정연기 변호사는 역시 2009년에 시국 선언에 참여한 바 있으며 2013년에는 '반헌법적·반역사적 전교조 탄압을 규탄하는 법률가 384인 일동' 명단에 포함되어 있는 것으로 보아 민변 회원으로 추정할 수 있다.

사례 2의 판결문 [국가공무원법위반] 항소[각공2010상,624]

【판시사항】 전국교직원노동조합 충남지부 소속 교사로서 국가 공무원인 피고인들이 교사들의 서명을 받아 시국 선언문(제1, 2차)을 발표하고

시국 선언 탄압 규탄대회 등 집회에 참가함으로써, '공무 외의 일을 위한 집단 행위'를 하였다는 구 국가공무원법 제84조 위반의 공소 사실에 대하여, 위 행위가 '정당 행위'에 해당하지 않는다는 이유로 유죄로 인정한 사례

【변 호 인】 변호사 정연기

(종합법률정보 판례, 대전지방법원홍성지원 2010.02.11. 선고 2009고단606 판결 : 항소)

법무법인 시민은 전교조 조합원 명단 공개 사건에서 변론을 맡았으며 위반 행위 한 건당 3억 원의 간접 강제금 판결을 끌어낸 바 있다. 법무법인 시민에는 권숙권, 김남준, 전영식 변호사 등이 소속되어 있다. 이들 변호사는 2004년 11월에 '비정규 노동법 개악 저지를 요구하는 법조계 선언자' 명단에 이름을 올려 민변 회원임을 밝힌 바 있다.

사례 3 결정문 〈전교조 조합원 명단 공개 사건〉 [각공2010상,836]

【판시사항】

① 교원 단체 및 노동조합에 가입한 교사의 실명과 그들이 가입한 단체 등이 포함된 자료가 당해 교원들의 사생활의 비밀과 자유 및 개별적 단결권, 그리고 그 교원들이 가입한 노동조합의 집단적 단결권 등과 밀접한 관련이 있는 정보인지 여부(적극)

② 국민의 알 권리와 학생의 학습권, 학부모의 교육권이 교원 단체 및 노동조합에 가입한 교사의 실명과 그들이 가입한 단체 등의 공개로 인하여 침해될 교원들의 사생활의 비밀과 자유 등 권리보다 우월한 가치를 갖는지 여부(소극)

③ 국회의원이 교육과학기술부 장관에게 요청하여 제출받은 교원 단체 및 노동조합에 가입한 교사의 실명과 그들이 가입한 단체 등이 포함된 자료를 인터넷 등을 통하여 일반 국민들에게 공개하려는 데 대하여 당해 교원들과 그들이 가입한 노동조합이 그 정보의 공개 금지가처분을 구한 사안에서, 위 자료의 전부를 인터넷 등을 통하여 공개하는 것은 사생활의 비밀과 자유 및 단결권 등 당해 교원들과 노동조합의 권리를 부당하게 침해할 개연성이 매우 클 뿐만 아니라, 개인 정보를 제공된 목적에 따라 사용하여야 할 의무를 위반하는 것이라는 등의 이유로 그 가처분 신청을 인용한 사례

(종합법률정보 판례, 서울남부지방법원 2010.04.15. 자 2010카합211 결정)

2007년에 '이랜드 문제의 합리적 해결을 촉구하는 선언자'명단에 민변 회원으로 이름을 올린 바 있는 송병춘 변호사도 전교조 교사들의 소송 대리인으로 활동했다. 학원 비리 척결을 이유로 한 전교조 교사의 수업 거부 및 수업 방해 행위로 인하여 학생들의 학습권과 학부모의 교육권이 침해되었다고 보아 위 교사들

의 손해 배상 책임을 인정한 판례의 재판이었다. 학생들과 학부모가 납득할 수 없는 이유를 들어 학교에서 수업을 거부하고 수업 방해한 교사들의 변호에 나선 것이다.

사례 4 〈전교조 수업 거부 사건〉 [공2007.10.15.(284),1617]

【판결요지】

① 학교 교육에 있어서 교원의 가르치는 권리를 수업권이라고 한다면, 이것은 교원의 지위에서 생기는 학생에 대한 일차적인 교육상의 직무 권한이지만 어디까지나 학생의 학습권 실현을 위하여 인정되는 것이므로, 학생의 학습권은 교원의 수업권에 대하여 우월한 지위에 있다. 따라서 학생의 학습권이 왜곡되지 않고 올바로 행사될 수 있도록 하기 위해서라면 교원의 수업권은 일정한 범위 내에서 제약을 받을 수밖에 없고, 학생의 학습권은 개개 교원들의 정상을 벗어난 행동으로부터 보호되어야 한다. 특히, 교원의 수업 거부 행위는 학생의 학습권과 정면으로 상충하는 것인 바, 교육의 계속성 유지의 중요성과 교육의 공공성에 비추어 보거나 학생·학부모 등 다른 교육 당사자들의 이익과 교량해 볼 때 교원이 고의로 수업을 거부할 자유는 어떠한 경우에도 인정되지 아니하며, 교원은 계획된 수업을 지속적으로 성실히 이행할 의무가 있다. ……

③ 학원 비리 척결을 이유로 한 전국교직원노동조합 소속 교사의 수업 거부 및 수업 방해 행위로 인하여 학생들의 학습권과 학부모의 교육권이 침해되었다고 보아 위 교사들의 손해배상 책임을 인정한 사례.

【피고, 상고인】 피고 1외 33인(소송 대리인 변호사 송병춘)

【주 문】 상고를 모두 기각한다. 상고 비용은 피고들이 부담한다.

(종합법률정보 판례, 대법원 2007.09.20. 선고 2005다25298 판결)

3장

“실업자·구직자도 노조를 결성해야 한다.”

민변은 기득권을 누리는 정규직 노조를 대변하고 전교조의 구원 투수 역할을 하는 것에서 만족하지 않고 이제 구직자 노조와 실업자 노조를 꿈꾸고 있다. 여기서 노동조합의 정의와 목적이 무엇인지 사전적 의미를 새삼스럽게 살펴볼 필요가 있다. 『한국민족문화대백과사전』에서는 노동조합을 아래와 같이 정의하고 있다.

근로자가 주체가 되어 근로 조건의 유지, 개선 및 기타 근로자의 경제적, 사회적 지위의 향상을 도모하는 것을 목적으로 조직하는 단체 또는 그 연합

단체. …… 근대 자본주의 사회의 노동조합은 임금을 비롯한 노동 조건의 개선을 중심으로 활동한다. 근대 자본주의 사회에서 노동자와 자본가 간의 임노동 계약이 형식적으로 평등한 관계이지만, 실질적으로 고용자의 우월적 지위와 해고를 비롯한 자의적 결정이 노동자들을 압도한다. 이런 불균등한 관계에서 노동자들을 보호할 수 있는 최소한의 제도로서 거의 모든 현대 국가들은 노동조합의 권리를 헌법과 법률로 보장한다(『한국민족문화대백과사전』 중).

노동조합은 '근로자가 주체가 되어 근로 조건의 유지, 개선 및 기타 근로자의 경제적, 사회적 지위의 향상을 도모하는 것을 목적으로 조직하는 단체'이다. 또 '고용자의 우월적 지위와 해고를 비롯한 자의적 결정이 노동자들을 압도하는 불균등한 관계에서 노동자들을 보호할 수 있는 최소한의 제도'이다. 결국 노동조합이 결성되려면 조건을 따질 수 있는 작업장이 있어야 하고 상대할 고용자가 있어야 한다. 그런데 구직자나 실업자는 그런 것들을 가지지 못한 사람들이다. 노동조합을 만들어놓고 그들은 누구와 투쟁하는가? 아직 고용도 결정하지 않은 고용주를 상대로 어떻게 투쟁한다는 말인가?

민변은 2012년 3월 논평에서 "서울특별시의 서울청년유니온 노조 설립 신고증 교부를 환영한다."라고 했다. 고용노동부가 구직자와 실업자가 조합원으로 포함되어 있다는 이유로 청년유니온의 노동 조합 설립 신고를 거부했는데 서울특별시가 고용노동부의 반대에도 불구하고 서울청년유니온을 노동조합으로 인정했으니 이를 환영한다는 내용이다.

그럼에도 불구하고 여전히 고용노동부가 구직 중인 자와 실업 중인 자가 조합원으로 포함되어 있다는 이유로 전국 단위인 청년유니온의 노동조합설립신고를 거부하고 있는 이 시점에서 서울특별시에서 고용노동부의 반대에도 불구하고 지역 노조이지만 서울청년유니온을 노동조합으로 인정하여 노동조합 설립 신고증을 교부하였다는 점에서 매우 환영할 만한 일이다(민변 논평자료 2012년 3월 15일).

민변은 환영을 넘어서 아래와 같은 논평을 했다.

고용노동부의 2010년 노동조합 조직 현황에 따르면, 우리나라의 노조 조직률은 9.8%에 불과하고 이는 OECD 국가의 노조 조직률(2008년 기준)과 비교하면 프랑스와 터키를 제외하고 가장 낮은 수준인데, 이러한 때 구직 중인 자와 실업 중인 자를 조합원으로 아우르는 서울청년유니온의 법내 노조 진입은 우리나라의 노조 조직률을 올릴 수 있는 계기가 될 것이며, 2011년 10월 기준으로 사실상 청년 실업률이 28%(112만 명)에 달하는 이때에 서울청년유니온의 설립은 청년 실업률을 낮출 수 있는 획기적 계기가 되는 것이다.

일각에서는 구직 중인 자나 실업 중인 자가 포함된 노동조합의 단체교섭의 대상에 대하여 의문을 제기하나 실업자의 경우에는 주로 전에 일했던 회사를 상대로 퇴직금이나 해고 등을, 구직 중인 자의 경우에는 장차 취업할 회사를 상대로 채용 그 자체 내지 채용 조건 등을 교섭 사항으로 단체교섭을 할 수 있으므로 구직 중인 자와 실업 중인 자가 법내 노조에 가입하여 헌법이 보장한 단결권, 단체교섭권, 단체행동권을 주체적으로 행사할 수 있다는 것은 그야말로 최악의 구직난과 실업난에 헤매는 이 땅의 청년들에게 가뭄 속 단비가 아닐 수 없다(민변 논평자료 2012년 3월 15일).

구직자나 실업자가 노조를 만들면 실업난, 구직난이 해소된다는 발상은 도대체 무슨 근거에서 나온 것일까? 구직 중인 자가 단결권을 행사하여 삼성이나 현대 그룹 앞에서 자신들을 채용하라거나 시험 문제를 어렵게 내지 말라는 식의 채용 조건 등으로 단체교섭을 할 수 있다면 지나가는 소가 웃을 일이다.

민변이 주장한 대로 정말 대법원과 서울행정법원이 구직자와 실업자도 노동조합을 결성할 수 있다는 판결을 내렸을까? 그들이 근거로 드는 대법원의 판례 정보를 찾아가 '구직자'라는 검색어로 찾아보니 포항 시장이 영일만신항항운 노동조합을 상대로 한 노동조합 설립 신고 반려 처분 취소 판결의 자료가 나왔다.

[노동조합 설립 신고 반려 처분 취소][미간행]

【판시사항】

② 아직 설립되지 않은 영일만 신항 하역 관련 사업장에서 근로자가 되려는 자를 조합원으로 하는 노동조합 설립 신고에 대하여, 포항시장이 노동조합 및 노동관계조정법 제2조 제4호 단서 (라)목에서 정한 '근로자가 아닌 자의 가입을 허용하는 경우'에 해당한다는 이유로 노동조합 설립 신고를 반려한 사안에서, 조합 설립 신고 당시 항만이 준공되지 않았다고 하더라도 항만공사의 특성 등에 비추어 이는 노동조합 및 노동관계조정법상 근로자성을 인정할 특별한 사정이 존재하는 경우에 해당한다는 이유로 위 처분이 위법하다고 본 원심 판단을 수긍한 사례(종합법률정보 판례, 대법원 2011.03.24. 선고 2007두4483 판결)

분명히 이 판례에는 '항만공사의 특성 등에 비추어 이는 노동조합 및 노동관계조정법상 근로자성을 인정할 특별한 사정이 존재하는 경우에 해당한다는 이유로'라는 말이 있다. 특별한 경우에만 구직자를 노동자로 인정하는 것이지 모든 구직자가 노동조합을 만들 수 있는 노동자라는 얘기는 아니다. 그런데 민변은 마치 모든 구직자, 실업자가 노동조합을 만들 수 있는 노동자라고 판결이 나온 것처럼 호도하고 있다. 민변은 분명히 노조가 지배하는 세상을 꿈꾸고 있는 것이다.

4장

노동자가 노동자를 착취한다.

민변이 억압당하는 소수 노동자의 권익을 보호하고 있는 것도 아니다. 노조는 귀족 노조로 불리는 정규직 대기업 노조가 있는가 하면 중소기업이나 비정규직 노조도 있다. 민변이 앞장서서 변호해 왔던 쌍용차, 한진중공업, 전교조 등은 정규직 귀족 노조에 해당한다. 지금 우리 사회의 고질적인 문제는 임금 착취가 여전하다는 것인데 대기업은 비정규직 노동자의 임금을 착취해 정규직 귀족 노조의 배를 채워 주고 있다는 것이 더 큰 문제이다. 그런데 민변은 그런 상황을 더욱 부추기고 옹호하고 있다.

전통적으로 착취란, 자본 관계에 의해 자본가와 노동자 사이에

만 발생하는 것으로 알려져 있다. 그리고 실제로도 그래왔다. 하지만 지금 대한민국에서 만연하는 착취는 대기업과 재벌에 의한 착취가 아니라 노동자들에 의해 노동자들에게 가해지는 것이다. 노동자가 노동자를 착취하는 듣도 보도 못한 행위가 '소득 불평등'과 '양극화'를 심화시키고 있다.

민주노총과 한국노총 역시, '비정규직 철폐'를 주장하며, 평균 연봉 4,140만 원(월 평균 345만 원)을 받는 대기업 비정규직을, 7,092만 원(월 평균 591만 원)을 받는 정규직으로 신분을 세탁하는 데에만 관심 있을 뿐, 평균 연봉 1,476만 원(월 123만 원)을 받는 영세 중소기업에 종사하는 비정규직 346만 명에 대한 대책은 내놓지 못하고 있다. 대책은 고사하고 노동계 자체가 강남 좌파의 이기주의에 편승해 현재 착취하는 가해자의 편에 서 있다고 볼 수 있다.

민주노총이 주장하는 '비정규직 철폐'는 구호만 들어보면 그럴듯 해 보인다. 하지만 이것 역시 위선이다. 노동계의 주장처럼 비정규직을 철폐한다 하더라도 대기업 비정규직이나 중소 영세기업의 비정규직 모두에게 동일한 혜택이 돌아가 동일 가치 노동에 동일 임금이 주어져야 하는데, 대기업 원청 노동자들은 여전히 하청업체 노동자들의 임금을 착취하는 구조적인 사회적 모순 위에 여전히 남아있게 되기 때문이다.

전체 1,517만 명의 임금 노동자 중 54.3%나 되는 823만 명이

'비정규직 철폐' 이후에도 여전히 착취당하고 소외되는 나쁜 구조는 여전히 유지되고 있다. 민변이 내놓은 아래의 자료들을 보면 그들이 비정규직에 대해서도 깊은 관심을 갖고 있는 것처럼 보인다.

· 자본의 독식과 팽창이 가속화되고 비정규직의 확산으로 인해 사회적 양극화가 심화되고 있는 현실(2012년 11월 2일)
· 노조 설립은 헌법상 노동자들에게 보장된 권리이며 이는 비정규직 노동자에게도 당연한 권리(2012년 9월 4일)
· 홍대는 학내 비정규직 노동자들이 열악한 노동 조건을 개선하기 위해 노동조합을 결성하자(2012년 4월 20일).
· 비정규직 노동자의 차별을 철폐하고 노동 인권을 보장해야(2011년 8월 1일)
· 불법 파견 등 비정규직의 만연으로 인한 고용 불안은 산업 현장의 불안을 넘어 사회 불안으로 이어질 것임은 자명(2010년 11월 1일)
· 한국 사회에서 노동기본권이 박탈된 채 살아가고 있는 특수고용 비정규직 노동자의 문제가 비극적 사건으로 발현된 것(2009월 5월 19일)
· 정부와 열린우리당의 비정규직 법률안이 '비정규직 보호 법안'이 아니라 '비정규직 양산 법안'이며, 비정규직 문제의 핵

심 쟁점을 전혀 반영하고 있지 못하기 때문(2005년 7월 1일)

· 상식이 있는 기업이라면 이미 2010년 대법원 판결이 내려졌을 때 그에 합당한 조치들, 즉 8,000여 명에 달하는 사내 하청 비정규직 노동자들을 정규직으로 전환하고 최소한 2년이 지난 시점부터는 차별적으로 미지급한 체불 임금을 정산하여 지급했어야 한다(2012년 8월 30일).

· 현대자동차 비정규직 철탑 고공 농성을 지지하며, 그 원인 제공자인 현대자동차는 즉각 해결에 나서라(2012년 10월 26일).

· 1999년 46조 원에 이르던 전통시장의 매출액은 잡식성 공룡에 비견되는 유통 재벌의 등장으로 10년이 지난 지금 현재 그 절반 이하인 24조 원으로 줄었다. '편리'라는 미명 하에 연중무휴에 새벽까지 영업을 강행하면서 비정규직 판매 직원들의 노동력 착취를 바탕으로 대형마트는 계속 몸집을 불려왔다. 같은 기간 7조 원에 불과하던 대형마트 공룡들의 매출액은 36조 원으로 5배 이상 증가하였다(2012년 11월 7일).

· 현대자동차 재벌에 대해 불법 파견의 시정을 요구하는 비정규직 노동자들을 겁박하는 검찰과 이를 용인하는 법원의 비겁함과 편파적인 태도에 분노한다(2012년 11월 7일).

· 기아자동차는 비정규직 차별 철폐하고 해고자 문제 해결하라(2013년 1월 31일).

· 비정규직 노동자들의 노동3권이 보장되지 못하는 현실을 개

선하는 것(2013년 5월 29일)

- 현대제철 당진공장에서는 작년 한 해에만 8명의 노동자가 사망하였다. 그 중 7명이 하도급업체 소속의 비정규직 노동자였다(2014년 1월 27일).

위의 자료를 종합해보면 민변은 첫째, 비정규직의 근본 문제를 정규직화로 해법을 제시하고 있고, 둘째, 비정규직에 대한 임금 착취의 원흉을 기업으로 보고 있다는 것이다. 그런데 이와 같은 민변의 태도와 입장으로는 비정규직 문제를 제대로 풀어 나갈 수 없다. 앞에서 지적했듯이 비정규직의 임금을 착취하고 있는 것은 정규직 귀족 노조이다. 물론 중간 매개체 역할을 하며 비정규직의 통장에 들어갈 임금을 정규직의 통장에 입금시킨 기업의 잘못도 없는 건 아니다.

6부

민변과 북한 인권

민변 회원인 변호사들에게는 '인권 변호사'라는 별칭이 따라 다닌다. 노무현 변호사가 그랬고 박원순 변호사가 그랬다. 그래서 마치 그들이 우리나라의 돈 없고 힘없고 소외된 사람들의 인권을 보호하는 데 앞장서는 것처럼 여겨지기도 한다. 민변 변호사들은 우리나라뿐만 아니라 이웃 아시아 국가 사람들의 인권에도 큰 관심을 갖고 있다. 아니, 아시아를 넘어 멀리 아프리카 사람들의 인권에까지도 민변의 눈길이 미치고 있다. 민변은 참으로 박애 정신으로 가득 찬 집단이라 할 수 있겠다.

다음은 민변의 홈페이지에 게시된 아시아 인권 모니터링 방의 일부이다.

- 한국산 최루탄이 바레인을 울려서는 안된다.
- 무분별한 고문으로 고통 받는 스리랑카
- 국제 사회의 안전을 위협하는 시리아 정부의 반인권적 학살
- 태국의 표현의 자유는 어디로
- 끝나지 않은 비사법적 살인 - 방글라데시 특수기동경찰대에 의한 인권 침해
- 북아프리카 민주화 혁명과 여성
- 국제적 노동 착취에 맞선 방글라데시의 노동자들
- 키르기스스탄의 6월 잔혹사
- 베트남의 운동가 탄압
- 스리랑카의 정치 폭력
- 토지 수용으로 터전을 잃어가고 있는 버마 농민들

제목만 봐도 아찔하고 살벌하다. 이런 내용들을 보면 한국에서 태어난 것이 얼마나 큰 축복인지 실감할 수 있고 부모님과 할아버지, 할머니께 다시 한 번 감사드리게 된다.

아시아와 아프리카 여러 나라의 인권 문제는 필자가 봐도 심각하다. 그 중 구체적인 사례를 두 가지만 들어 내용을 옮겨보았다. 아래 글도 역시 민변의 홈페이지에 수록된 것이다.

아프가니스탄 여성과 비윤리적 범죄 moral crime

문제가 되고 있는 비윤리적 범죄는 크게 두 가지로 나눌 수 있다. 첫째는 혼인 여성의 가출, 둘째는 혼외 정사(zina)다. 혼인 여성의 가출은 현 아프가니스탄 형법에는 범죄로 규정되어 있지 않으나 남편의 고소 여부에 따라 처벌받고 있다. 가출의 이유로 감옥에 수감된 여성들의 대부분은 구타, 칼부림, 화상, 강간, 매춘 강요, 명예살인 협박 등의 가정 폭력 및 학대를 피하기 위해 도망쳐 나온 피해자들로 보호 대상이 되어야 함에도 불구하고 처벌대상으로 간주되고 있다. 혼외 정사는 아프가니스탄 형법에 규정된 범죄로 최대 형량이 15년인 중범죄에 해당한다. 개인의 성적 결정권 행사를 범죄로 취급하는 법조문 자체에도 문제가 있지만, 더 심각한 문제는 남편에게 매춘을 강요받거나 강간을 당한 경우에도 이 죄가 적용된다는 데 있다. 자신의 의사에 반하여 피해자가 된 상황에서도 가해자로 처벌받는 것이다. 또한 가출한 여성에게는 종종 혼외 정사 미수죄가 적용되어 처벌받기도 한다.

변호사와 언론의 표현의 자유를 더욱 억압하는 캄보디아

캄보디아의 정보부에서 라디오, TV 등 대중 매체를 대상으로 새로운 지침이 내려졌다. 대중 매체에서 변호사를 게스트로 초대하여 법이나 사회적 이슈에 관해 방송하기 위해서는 사전에 캄보디아변호사협회에 승인을 받아야 한다는 것이다

예전에는 우리나라도 저들과 비슷한 지경에 처해 있었다. 가난

도 그렇고 인권의 문제도 그러했다. 그러나 지금의 한국은 저들과는 비교 불가능의 위치로 격상했다. 『잘! 생겼다 대한민국』이란 책에 우리나라의 위상과 저력 그리고 자긍심을 갖게 할 만한 내용들이 잘 그려져 있다. 일독을 권한다.

그런데 민변은 잘 생긴 대한민국이 못마땅한 모양이다. 대한민국의 인권 상황이 위에 소개된 나라들 못지않게 열악하다는 식으로 주장을 펼치고 있다. 결국 민변 변호사들은 대한민국과 아시아, 아프리카 국가들의 열악한 인권 상황에 대해 불철주야 걱정하고 있는 것이다. 그렇다면 그들은 북한 주민들의 인권 침해에 대해서는 얼마나 걱정을 많이 할까? 그러나 안타깝게도 민변 변호사들은 북한의 인권에 대해서는 철저히 입을 닫고 있다. 그 이유는 무엇일까?

혹시 민변의 변호사들은 북한의 인권 상황이 지적할 것도 없이 완벽하다고 보는 것일까? 공권력까지 무력화하면서 자신들이 하고 싶은 말을 다 할 수 있는 자유민주주의 국가 대한민국보다 공개 처형과 무자비한 학살이 난무하는 북한의 상황이 더 낫다는 것일까? 아니면 북한의 인권 상황에 대한 정보가 없는 것일까? 혹은 앞에서 밝힌 것처럼 민변 사람들이 김정은을 '령도자'로 부르는 것과 관련 있는 것일까?

민변의 아시아 지도에는 북한이 없다. 그들은 애써 북한 주민의 인권을 외면한다. 민변의 오지랖이 아시아를 넘어 아프리카에까지 이르는데 바로 휴전선 넘어 북한의 인권 문제에 대해서 입을 닫는 것을 보면 도저히 그 이유를 알 수 없다.

민변 변호사들이 언제나 코에 걸고 있는 인권의 문제에서 오직 북한만을 제외하고 있는 또 다른 속내가 궁금하다. 혹시 민변이 종북 세력인가? 민변은 이러한 오해를 받지 않으려면 하루 속히 북한 인권 문제에 대해서도 입을 열어야 한다.

7부

민변과 학생인권조례

경찰이 국민의 기본 인권을 지키는 파수꾼이라면 학교 내에서는 교사가 학생의 인권을 지키는 역할을 한다. 그러한 점에서 민변이 주장하는 학생인권조례는 학생의 인권을 오히려 더 침해할 소지가 있다. 학생 인권을 지켜야 할 교사들을 학생 인권의 가해자로 만들어 놓았으니 교사들의 권위가 사라졌음은 물론이고 정작 이로 인해 학생의 인권은 내팽개쳐지고 있는 것이다.

학생인권조례는 전교조가 시작하고 민변이 완성한, 두 단체의 공동 작품이다. 자기 자녀의 인권을 보호해 준다는데 학부모가 이를 반대할 이유가 있겠는가 싶지만 자세히 들여다보면 반대할 이유는 수없이 많다. 무엇보다 학생 인권을 빙자해서 또 다른 목적을 달성하려는 불순한 의도가 여기 담겨 있기에 이를 결사 반대할 수밖에 없다.

먼저 학생인권조례에 관하여 교육의 주체인 학생과 학부모 그리고 교사들의 일반적인 입장을 정리해 보았다.

교육에 있어서 주체인 학생들은 '강제 야간 학습 금지, 체벌 금지, 두발·교복 자율화, 휴대 전화 자율 사용' 등의 조항에 전폭적인 지지를 보내고 있다. 조례가 제정된 곳은 물론 조례 제정이 논의되는 단계에서도 학교 현장 곳곳에서 이 문제로 교사들과 부딪히는 학생들을 쉽게 찾아 볼 수 있다.

이런 이유 때문에 교사들은 학생인권조례의 제정으로 교권이 추락했다며 교권강화조례를 만들어 달라고 주문하고 있다. 특히 학생부장들은 이구동성으로 이 조례 때문에 학생들을 더 이상 통제할 수 없게 되어 학교가 난장판이 되었다고 걱정하고 있다.

이에 학부모들은 한편으로 걱정이 앞서지만 내 자식들의 인권을 보호해준다는데 딱히 반대할 만한 이유를 찾지 못하고 있다. 사실 학생인권조례에 대한 정보가 대단히 부족하다는 이유도 있다. 그런데 학부모 입장에서 학생인권조례를 꼼꼼히 살펴보면 학생인권조례는 사실상 교육 포기 조례나 다름없다. 그 이유는 다음과 같다.

첫째, 학생인권조례는 학생 인권에 관한 핵심 조항은 빠지고 교육 과정을 지나치게 간섭하고 있다. 학생 인권의 핵심 요소는 학습권의 보호이다. 그런데 조례는 학습에 관한 권리를 선언적으로 해 놓았을 뿐 구체적인 것은 아예 다루지 않았다.

게다가 조례에서는 '학교는 교육 과정을 자의적으로 운영하거나 학생에게 임의적인 교내·외 행사 참석을 강요해서는 아니 된다.'라고 했다. 이 항은 학교 자율화라는 교육 정책과 정면으로 대치된다. 그간 학교가 사교육인 학원에 밀렸던 이유는 정부가 시키는 대로 했을 뿐이라는 면죄부를 주었기 때문이다. 학교는 학생들의 상황을 고려치 않고 일주일에 영어를 세 시간 가르쳤고, 수학을 두 시간 가르친 것으로 끝내버렸다. 학교에서 수업 과정을 따라가지 못한 학생도 학원으로 가고 내신 성적을 올리기 위해 선행 학습이 필요한 학생도 학원으로 달려간 반면, 학교는 교과부가 시키는 대로 가르쳤을 뿐이라는 말로 그 책임을 떠 넘겼다. 이러한 해결책으로 학교 자율화가 나온 것이다. 학교 자율화는 학교가 가르치는 것을 책임져야 한다는 학부모들의 주문을 정부가 정책으로 발표한 것이다. 이에 학교들은 학력 신장에 대한 무한 책임을 져야 하는 시대적 사명을 다시금 갖게 되었다. 그런데 이런 상황에서 학교가 자의적으로 교육 과정을 운영해서는 안 된다고 조례에 명시한 것은 바로 학교를 이런 책임에서 벗어나게 하는 것과 다름없다.

학생인권조례에는 '교육에 관한 권리'가 있는데 정작 그 내용에는 '정규 교과 이외의 교육 활동의 자유'를 들어 야간 자율 학습, 보충 수업, 방과 후 학교의 자율 선택권을 주장하고 있다. 그런가 하면 학생인권조례는 휴식을 취할 권리를 선언하며 정규 교과 이외의 시간에 공부를 시키는 것을 금하고 있다. 이는 교육에 관한 권리가 아닌 휴식에 관한 권리이며 공부를 하지 않아도 될 권리이다. 학생들이 공부할 수 있는 권리는 어디에서 찾아야 하는 것일까?

이상에서 본 바와 같이 학생 인권의 핵심 요소라 할 학습권에 대해서는 오히려 공부 안할 권리를 나열했을 뿐이니 학습권의 보호와는 전혀 상관없는 조례임이 분명하다. 학습권이 아닌 일반적인 학생 인권에 관해서는 이러한 조례가 오히려 일반적인 인권론보다 부족해 보인다.

이 조례 제정의 TF팀 일원인 모 위원은 학부모의 의견으로 다음과 같이 밝힌 바 있다.

"초등학교 1학년에 들어간 아이의 생활기록부에 학부모의 직업과 학력, 주거 형태와 소유 문제를 적어 넣는 항목을 발견하고 참으로 혼란스러웠다. 주소, 성명, 연락처만 적어 보냈더니 담임교사가 "너희 아빠 직업이 무엇이니?"라고 물었다 한다. 학부모의 직업과 학력, 재산의 상태를 요구하는 것은 인권을 침해하는 것은 물론이거니와 학생에 대한 차별로 이어질 수 있는 가능성이 충분하기에 이는 전면 개정되어야 한다."

이런 주장을 펴면서 그는 학생인권조례의 제정에 찬성 의견을 피력했다. 그런데 학생인권조례 어디에도 이에 관한 조항은 없다. 조례에는 적어도 교사는 학생에게 학부모의 직업이나 재산 상태, 학부모의 학력 등을 묻거나 서면으로 제출하게 해서는 안 된다고 명시해야 하는데 이런 조항은 찾을 수 없다. 그러니까 조례를 만드는 목적은 언론이나 토론장에서 그럴 듯하게 포장해 놓고 실제 조례에서는 빼버린 것이다. 이는 위선이고 궤변이다.

초등학교 1학년 학부모들은 매우 예민하다. 선생님이 내 자녀를 어떻게 바라볼까, 가난하게 산다고 무시하지 않을까, 부모의 직업이나 학력에 따라 내 아이도 차별받지 않을까 하는 실제적인 고민을 하는 게 우리 학부모의 심정이다. 인권 헌장에 있는 투로 말을 바꾸면 '학생들은 부모의 학력이나 직업, 재산 정도에 따라 차별받지 않을 권리가 있다.'라는 내용이 학생인권조례에 담겨 있어야 할 것이다. 그런데 그렇게 중요한 학생 인권에 관한 조항을 빼놓다니 이것은 도저히 납득이 안 된다. 그러니까 학생인권조례의 필요성은 저 멀리 내던지고, '공부를 과도하게 시키면 안 된다.'만으로 변신시킨 것이다.

이 조례가 학부모들에게 인정을 받으려면 적어도 이렇게 조정되어야 한다.

"학생의 인권 중 가장 중요한 것은 학습권의 보호이므로 학생이 학교에서 공부하는데 방해되는 요소는 모두 제거해야 한다."

연간 수업 시수의 보호에 관한 조항도 필요하다. 예를 들어 수학을 연간 100시간을 가르치도록 하고 있고 교과서도 그 100시간에 맞추어 나오지만 정작 학교는 연간 70시간만 가르치고 있는 형편이다. 중간고사, 기말고사에 4주간을 할애하는 이유는 무엇인가. 중간고사나 기말고사 시험 기간 동안 하루에 2~3과목만 보고 나머지 시간에는 자율학습을 시키고 있다. 소풍에 수학여행에 체육대회 때문에 수업 시수는 줄어들고 있다. 또 학년말 시험을 방학 직전에 치르는 것이 아니고 3주 전에 끝낸다. 방학을 앞두고 들뜬 분위기 때문에 수업 진도는 더 이상 나가지 못하고 대개 학습하면서 놀고 있는 실정이다. 수업 시수가 절대적으로 부족해서 학원에 가지 않고는 교과 학습을 제대로 따라 갈 수가 없다. 학생인권조례라면 적어도 이런 내용들을 담아 학생의 학습권을 철저히 보호해 주는 게 가장 기본이다. 그래야 사교육비가 경감되고 공정한 경쟁이 확보된다. 지금 일선 학교가 난장판이 된 이유는 바로 이런 기본적인 공정성이 무너졌기 때문이다. 민변이 만들어 준 학생인권조례는 무너진 공정성에 면죄부를 주고 말았다.

학생인권조례가 교육 포기 조례나 다름없게 된 두 번째 이유는, 이 조례가 학교의 생활지도를 인권 침해로 규정해 버렸다는 것이다. 생활 지도 없는 교육은 상상할 수 없다. 그래서 학생인권조례가 교육 포기 조례라는 것이다.

두발, 복장 등은 생활지도에 관한 사항이다. '하의 실종'이란 말이 학교 내에서도 유행이다. 얼마나 치마 길이가 더 짧아져야 할까? 학교에서 치마 길이가 무릎 이상으로 올라가면 안 된다고 말하면 그것이 학생의 인권을 침해하는 것일까? 아니면 학생을 보호하는 것일까? 당연히 보호하는 것이다.

생활지도의 이면에는 학부모의 경제력 차이가 더 큰 문제로 대두된다. 만약 복장이 자율화되고 두발이 자율화되면 부모의 경제력 차이에 따라 학생들은 더 큰 위화감을 느끼게 될 것이 뻔하다. 이는 전라북도 군산교육청에서 실시한 공청회에서 드러난 내용이다. 참석 학생 중 한 명이 명품 옷을 사 입지 못할 형편의 학생들을 생각해 달라고 하소연하기도 했다. 즉 두발, 복장 자율화는 건전한 생각을 하는 대다수 학생도 염려하고 반대하고 있음이 드러났다.

생활지도에는 그것만 있는 것이 아니다. 학생들이 학교 안팎에서 각종 동아리 활동을 하는 것을 자율로 하게 되면 그 책임과 부담은 온전히 학부모들에게 다 돌아온다. 물론 학부모가 해야 할 일을 학교에 떠넘기겠다는 것이 아니다. 단지 이런 조례를 만들지 않고 학교 규칙을 통해 충분히 할 수 있는 것을 왜 옥상옥을 만드는지 항의하는 뜻에서 하는 말이다.

학생인권조례의 세 번째 문제는, 학생인권조례가 만들어져도 가장 큰 학생 인권 침해인, 공부 못하는 학생을 시골로 보내는 것을 해결하지 못하는 것이다. 전라북도만 해도 전주, 익산, 군산에서는 해마다 중학교 졸업자의 15%가 공부를 못한다는 이유로 내 집 곁에 고등학교를 두고도 시골로 쫓겨나고 있다. 이것이야말로 가장 큰 인권 침해 사례이다. 이 조례안 5조에는 성적을 이유로 차별받지 않아야 한다고 기록해 놓았지만 이를 위반했을 때 어떻게 구제받을 수 있는지는 대안이 없다. 즉 이는 어쩔 수 없다는 것이다. 도시에 학교를 더 지으면 농어촌 지역의 학교는 문을 닫게 되니 공부 못하는 아이들을 농어촌 고등학교로 보낸다는 것이다. 이런 인권 침해 사례가 또 있을까?

학생인권조례를 만들려면 바로 이런 것들을 구제해야 하는데 관련자들은 교육법상 혹은 실정상 어쩔 수 없다는 궁색한 변명만 하고 있다. 심지어 전라북도 교육청의 인권 조례 담당 장학사는 공부 못해서 농어촌 지역으로 쫓겨나는 학생들 문제에 대해 '교도소 죄수가 교도소 선택권이 없다.'라는 비유를 했다. 이에 학부모가 강력히 항의하고 사과를 요구했지만 사과할 뜻이 없음을 밝히기도 했다. 인권의 기본 개념도 모르는 사람이 학생인권조례 담당 장학사를 하고 있는 일선 교육청의 한심함을 그대로 드러내는 사례이다.

이렇게 처음부터 많은 문제를 안고 태어난 학생인권조례에 대해 민변은 왜 이 조례가 필요한지에 대해 다음과 같이 밝혔다.

첫째, 조례안은 학생은 임신·출산, 성적 지향, 성별 정체성을 비롯하여 어떠한 사유로도 차별받지 않고 평등한 교육을 받고 안전하게 학교를 다닐 권리가 있으며, 학교는 이러한 소수자 학생의 권리를 보장하기 위해 필요한 조치를 취해야 할 책임이 있다는 점을 다시 한 번 확인하였다.

둘째, 조례안은 헌법, 국제인권조약, 초중등교육법령 등 상위법의 범위 내에서 학생들의 폭력으로부터 자유로울 권리와 표현의 자유를 확인함으로써 상위법의 인권 보장 규정들을 구체화하였다. 학생인권조례의 상위법인 유엔아동권리협약에 의하면 '불편한 자세를 유지하도록 하는 것' 등 '간접체벌'을 포함하여 고통 유발을 의도하는 모든 처벌이 아동에 대한 신체적 처벌로서 금지된다(유엔아동권리위원회 일반 논평 8). 초중등교육법 제18조의 4는 이러한 국제인권조약에 명시된 학생의 인권을 보장해야 한다고 규정하고 있으며, 최근 개정된 동법 시행령 제31조 제8항은 이에 발맞추어 신체적 고통을 가하는 벌로서의 체벌을 명시적으로 금지하였다. 한편 초중등교육법 제18조 제1항은 '법령 및 학칙이 정하는 바에 의하여' 학생을 징계하거나 기타의 방법으로 지도할 수 있다고 하여 '조례'가 정하는 바에 의하여 학생 지도 방법을 제한할 수 있는 길을 열어놓고 있다. 조례안의 '폭력으로부터 자유로울 권리'는 위와 같은 상위법령들에 근거를 둔 조항으로서, 신체적 고통을 가하는 모든 체벌은 금지되어야 하고 인권을 존중하는 교육적인 방법으로 학생을 지도해야 한다는 점에 있어서 초중등교육법령과 같은 내용을 규정하면서 헌법과 아동권리협약상의 인권 보장원칙을 구현하고 있다.

조례안의 '개성을 실현할 권리' '사생활의 자유' '의사 표현의 자유' 등의 규정 또한 헌법과 학생들이 학교 안팎에서 정치적 활동을 포함하여 결사와 표현의 자유를 완전히 향유할 수 있다는 아동권리협약의 내용을 재확인하는 규정들이다. 다만 조례안은 복장의 자유, 집회의 자유 등은 필요한 경우에 한하여 학교 규칙으로 제한할 수 있도록 하는 단서 조항을 두어 국제인권기준에 못 미치는 내용을 규정하였는데 이는 앞으로 사회적 합의를 통하여 개선해나가야 할 부분이다.……

진정한 학생 인권은 학습권이라는 필자의 견해와 학생인권조례를 바라보는 민변의 견해는 크게 다르다. 민변은 폭력으로부터 자유로울 권리를 내세우며 모든 체벌의 금지를 주장했고 이를 학생인권조례에 삽입했다. 얼핏 보면 당연해 보인다. 그런데 여기에

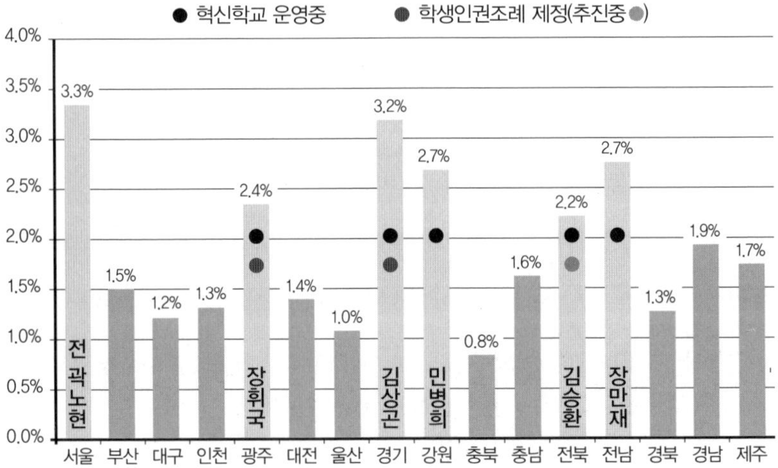

기초학력 미달 비율 높은 6개 교육청의 공통점

2012년 초6, 중3, 고2 학생 172만명 전체의 기초학력미달비율(%)

는 엄청난 함정이 숨어 있다. 학생 인권을 보호해야 할 막중한 책임을 가진 교사를 학생 인권의 가해자로 규정해 버린 것이다. 그 결과 교권이 추락했다며 학교 사회는 일대 혼란에 빠져 버렸다. 매 맞는 경찰에 이어 학생들에게 맞는 교사가 나오기 시작했고 일부 몰지각한 학부모는 학생들 보는 앞에서 교사의 멱살을 잡거나 때리기도 한다.

또한 학생인권조례는 학력 신장과는 정반대로 가고 있다.

2012년 서울에서 문용린 교육감이 당선되었는데 바로 위에 제시한 그림이 이 선거에서 서울 지역의 학부모들의 표심을 결정적으로 흔들어놓았다. 표에 나타난 것처럼 학생인권조례와 혁신학교를 추진하는 지역은 한결 같이 기초 학력 미달 비율이 다른 지역에 비해 월등히 높았다. 그러니 서울의 학부모들은 진보가 아닌 보수 교육감에게 표를 던질 수밖에 없었던 것이다.

학생인권조례는 이제 즉각 폐기되어야 한다. 학교 내에서 학생들의 인권을 지킬 가장 근본적인 책임은 교사들에게 있다. 학교 내에서 일어난 학교 폭력이나 집단 따돌림 등의 문제는 학교 교사들이 가장 잘 알고 가장 잘 해결할 수 있다. 그리고 학교 내에서 해결할 때 교육이 가능하다.

국민의 기본권을 국가 권력이 지켜야 하고 그 현장에는 경찰이 존재한다. 학교 내에서는 교사가 경찰과도 같은 존재이다. 교사는 가르치는 데서 그 역할이 끝나지 않고 학생의 인권을 지켜야 할 의무까지도 지니고 있다.

그런데 민변을 비롯한 학생인권조례를 제정한 세력들은 교사를 학생 인권을 침해하는 존재로 부각시켰다. 두발과 복장을 자유롭게 하고 싶어하는 학생들이 교사들로부터 제재당했다고, 다시 말해 인권을 침해당했다고 여기게 되었다. 방과 후 학습을 강요하는 교사들은 학생인권 침해범으로 고발당하게 만들었다. 휴대전화를 통제하는 교사도 학생 인권을 침해하는 경우에 해당되고 심지어 숙제의 강요도 못하게 만들었다. 학생인권조례가 교사를 학생 인권을 침해하는 세력으로 변모시킨 것이다.

진짜 학생 인권의 핵심은 학습권이라고 이미 밝힌 바 있다. 학습권을 보호하기 위해서는 학생들을 가르치는 교사들의 교권이 보호받아야 함은 긴 설명이 필요 없다. 공권력의 불행사로 국민의 생명 및 자유와 평등, 행복을 지키지 못하면 공무원의 직무 유기가 되고 국민의 기본권을 침해하는 것이 되듯, 교사가 학생들 가르치는 것을 포기하면 직무 유기가 되고 학생들의 기본권을 침해하는 것임을 잊지 말아야 한다.

학생인권조례처럼, 조례나 법안이 국민 통합이나 발전이 아닌 국민 갈등과 사회적 혼란으로 번지는 사례가 종종 있는데 이러한 일들의 배후에 민변이 있음을 우리는 알아야 한다.

8부

민변과
집회시위·집단 소송

1장

집회 시위의 자유와 통행 방해

집회 및 시위가 도심에서 열리면 그 주변의 교통은 마비가 된다. 도로에서는 차가 막히고 교통 혼잡이 일고 통행이 불편해진다. 심한 경우에는 전철이 시위가 있는 주변 역에 정차하지 않고 통과해버리는 일까지 벌어진다. 교통방송 등에서는 도심에서 시위가 벌어질 때 우회할 것을 권유하기도 한다. 이런 경우 일반 국민들은 시간이 많든 적든, 막히는 길을 가든 우회를 하든, 승용차를 탔든 지하철을 탔든 자기 갈 길을 못 가게 강요를 당하는 불쾌한 일을 겪는 것이다. 말하자면 대한민국 안에서 도심의 길을 갈 수 있는 국민의 기본권을 침해 당한 것이다.

민변은 집회와 시위의 자유를 대단히 중요하게 여긴다. 그 이유는 집회와 시위의 자유가 국민의 기본권이기 때문이라고 한다. 집회와 시위의 자유를 보장하기 위해 다른 사람의 불편을 초래한다는 것 자체가 헌법에 보장된 권리라고 한다. 다음과 같은 논리이다.

집회와 시위의 자유는 이미 헌법에서 이를 보장하는 순간, 교통을 방해하고 타인의 불편을 초래한다는 것을 예정하고 있는 기본권이다. 어느 한도를 넘어서야 타인의 불편을 초래하는 것이 아니라 보장 자체로 이미 예정하고 있는 것이다(권두섭, 「시민과 변호사」 2002년 2월호 '지상공론' 중, 민변 홈페이지 자료실, 2002년 3월 8일 게재).

민변 소속의 권두섭 변호사는 12년 전인 지난 2002년에 집회와 시위의 자유에 대한 의견을 위와 같이 밝혔다. 그는 '헌법에서 보장하는 순간 집회 시위의 자유는 교통을 방해하고 타인의 불편을 초래한다는 것을 예정하고 있는 기본권'이라고 했다. 그렇다면 그는 교통을 방해받고 통행의 제한을 당하는 '타인'의 기본권에는 관심이 없는 것일까? 지금도 이런 생각에 변화가 없는 것일까? 이 의견이 맞는 것이라면 길을 다닐 수 있는 기본권을 침해받은 '타인'의 권리는 어디에 가서 찾아야 하는 걸까?

민변과 함께 하는 23개 단체는 '2013 한국 인권옹호자 실태 보고대회'에서 다음과 같이 밝혔다.

집회 시위가 헌법상의 권리인 만큼 도로를 통제하고 보장할 수 있도록 해야 하지만 오히려 이러한 의무를 정부(경찰)가 이행하지 않고 교통을 방해하였다며 일반교통방해죄로 처벌하는 것은 전도된 것이다(2013년 5월 6일).

이는 10년 전 주장보다 한 술 더 뜬 주장이다. 집회와 시위를 하느라 타인의 불편을 초래할 수 있다는 입장에서 집회 시위의 자유를 위해 도로를 통제하고 보장해야 한다고까지 주장한 것이다. 도로를 통제할 수 있는 권리가 시위자들에게 있다는 법은 어디에 나와 있을 걸까? 민변의 궤변은 하늘을 찌를 듯하다.

진정한 자유의 의미를 고민한 사상가 존 스튜어트 밀은 인간이라면 세 가지 기본 영역에서 자유를 누릴 수 있어야 한다고 했다. 그 첫째는 내면적 의식의 영역이다. 이는 가장 넓은 의미에서의 양심의 자유이며 생각과 감정의 자유이고 따라서 이 부분에서는 절대적인 의견과 주장의 자유를 누려야 한다고 설명했다. 의견을 표출하고 출판하는 일은 타인과 관련이 있기 때문에 다른 원칙에 의해 규제를 받아야 할지도 모른다는 전제가 있지만 이 의견 표출과 출판의 자유 역시 생각의 자유만큼 중요하다고 했다.

밀이 말하는 두 번째 자유의 영역은 자신의 기호를 즐기고 자기가 희망하는 것을 추구할 자유이다. 각각의 개성에 맞게 자기 삶을 설계하고 자기 좋은 대로 살아갈 자유를 누려야 한다는 것이다. 이러한 일이 남에게 피해를 주지 않는 한, 설령 다른 사람의 눈에 어리석거나 잘못되거나 또는 틀린 것으로 보일지라도 그런 이유를 내세워 간섭해서는 안 된다고 밀은 말했다.

그가 마지막으로 말하는 자유의 영역은 결사의 자유이다. 결사의 자유란 타인에게 해가 되지 않는 한, 그리고 강제나 속임수에 의해 억지로 끌려온 경우가 아니라면, 모든 성인이 어떤 목적의 모임이든 결성할 수 있는 자유이다.

양심의 자유 혹은 생각과 감정의 자유는 그 누구도 침범할 수 없는 자기 자신만의 고유 영역이다. 그런데 밀은, 의견을 표출하고 출판하는 일은 타인과 관련이 있기 때문에 또 다른 원칙이 필요하다고 말했다. 현대 사회에서 명예 훼손이나 타인의 인격 모독과 같은 의사 표현이 또 다른 원칙에 의해서 제한당하고 있음은 다 알고 있는 사실이다.

또한 두 번째, 세 번째 자유의 영역은 공히 '남에게 피해를 주지 않는 한'이라는 단서가 붙는다. 남에게 피해를 주게 된다면 그 자유는 전부 또는 일부 제한을 받게 된다는 얘기이다.

물론 이러한 자유에 대한 설명은 사상서를 통해서만 접할 수 있는 것이 아니다. 중학교 1학년이 배우는 사회책도 자유를 다음과 같이 설명하고 있다.

자유는 인간의 권리 가운데서도 가장 기본적인 것으로 외부의 간섭 없이 자기 뜻에 따라 결정하고 행동하는 것을 말한다. 그러나 개인의 자유로운 행동이 다른 사람에게 피해를 주어서는 안 되며, 자신의 행동이 가져오는 결과에 대해 책임을 질 수 있어야 한다(『중학교 사회1』, 지학사).

민변의 권두섭 변호사는 "헌법에서 보장하는 순간 집회 시위의 자유는 교통을 방해하고 타인의 불편을 초래한다는 것을 예정하고 있는 기본권"이라고 했다. 밀의 자유론은 물론 대한민국의 중학생들이 보는 사회 교과서의 자유와도 그 의미가 크게 다르다.

민변의 권두섭 변호사만 이런 주장을 한 것일까? 다음은 민변의 홈페이지에 발표된 성명서나 논평 그리고 의견서 등에 표현된 집회·시위의 자유에 대한 민변의 공식적인 입장을 분석한 것들이다.

24시 이후의 시위 금지를 합헌으로 인정한 헌법재판소의 결정을 비판한다(2014년 3월 28일).

처음 논란의 시작은 '일몰 이후의 집회·시위 금지' 조항이었다. 그런데 사회적으로 크게 논란이 되었던 일몰 이후의 집회·시위 금지는 위헌으로 판결났다. '일몰 이후'라는 말은 시위를 조직

하는 사람들에게 문제가 되었다. 그래서 위헌 심판을 청구한 끝에 야간 옥외 집회 금지가 풀린 것이다. 예전처럼 해 떨어지면 잠자는 시대도 아니고, 학생이나 직장인의 경우 일몰 이후 즉 밤이 되어야 비로소 집회를 참가할 수 있는데 이를 제한한 것은 국민의 기본권을 침해한다는 헌법재판소의 판단은 충분히 수긍할 수 있다. 그러면서 헌재는 24시 이후의 시위는 금지되는 것이 헌법에 합치된다고 판단하였다. 집회와 시위는 야간에도 할 수 있지만 시위에 대해서는 24시 이후에는 안 된다고 한 것이다.

민변은 이러한 헌재의 결정마저 비판하고 나섰다. 민변의 논평을 살펴보자.

헌법재판소는 이 사건 법률 규정이 일몰 후부터 24시까지 적용되는 것은 헌법에 위반되고, 24시부터 일출까지 적용되는 것은 헌법에 합치된다고 판단하였다. 이는 야간에 시위가 허용되는 구체적인 시간적 범위를 입법부가 아닌 헌법재판소가 결정한 것으로 우리 헌법이 명시하고 있는 권력 분립의 원칙을 위반한 월권 행위이다. 헌법재판소는 집시법 제10조 중 집회 부분에 대해 헌법 불합치 결정을 했으나 입법부가 개선 노력을 하지 않았기에 이런 결정을 하게 되었다고 변명하나, 국회가 개원하게 되면 거의 매번 집시법 개정안에 대해 논의를 하였었고 그 결과 특별한 입법을 하지 않기로 했던 입법부의 판단을 오히려 무시한 것이다.

야간에 일정한 시간대를 정하여 시위를 일체 금지하는 것은 프랑스 등 몇 몇 나라에 유사한 경우가 있으나 대부분의 나라에서는 찾아보기 힘들다. 이 사건 법률 규정이 위헌으로 판단된다고 하더라도 집시법 제5조(폭력 우려 집회 금지), 제8조(중복 집회 금지), 제12조(교통 혼잡 우려 집회 금지) 등 다양한 근거를 들어 야간 시위가 규제될 수 있다. 그럼에도 불구하고 추상적인 위험성만을 근거로 하여 심야 시간대 시위의 전면 금지를 허용한 것은 표현의 자유에 대한 과잉 규제이다(2014년 3월 28일).

그런데 민변의 비판 근거가 기묘하다. 판단 자체가 잘못되었다는 얘기가 아니라 헌법재판소가 국회가 할 일에 나서서 월권을 한 것이 잘못이라는 얘기다. 그러면서 '교통 혼잡 우려 집회 금지' 등 다양한 근거로 야간 시위를 규제할 수 있는데 왜 굳이 시간을 제한하느냐고도 했다. 앞에 나온 권두섭 변호사의 '헌법에서 보장하는 순간 집회 시위의 자유는 교통을 방해하고 타인의 불편을 초래한다는 것을 예정하고 있는 기본권'이라고 했던 것과 모순되는 얘기다. 권 변호사에 따르면 시위에 의한 교통 혼잡도 시위가 가진 기본적 권리의 일부라는 얘기였는데 민변은 교통 혼잡이 우려되는 집회는 금지할 수 있는 조항을 활용하라고 했다. 민변과 권 변호사의 의견이 다른 것일까? 이는 법 조항이든 상식이든 자신들이 유리한 쪽으로만 몰고 가려다 생긴 민변 자체의 모순을 그대로 드러낸 것이다.

다른 나라의 사례까지 살펴볼 필요도 없이 우리의 집회 시위

문화가 얼마나 폭력적이고 시끄러운지는 삼척동자도 다 안다. 계간지 「시대정신」은 오죽하면 쇠고기 광우병 촛불 집회를 '거짓과 광기의 100일'로 규정했을까.

우리나라의 시위가 이렇게 요란하고 폭력적이 된 이유는 거기에 이해 당사자가 아닌 시위 선동꾼들이 개입되어 있기 때문이다. 세월호 참사로 온 국민이 슬픔에 잠겨 있을 때에도 집회 시위꾼들은 선동에 나서는 과격성을 보여 주었다. 경기도의 한 도의원 예비 후보는 실종자 가족이 아님에도 실종자 가족인양 그들을 대표하여 사회를 보는 일이 있었고, 일부 대학생은 대자보를 붙여 선동하다가 실종자 가족들의 요청에 의해 곧바로 철거되기도 하였다.

밀양송전탑 집회 시위 현장에는 외부인은 가라는 현수막이 붙었고 훨씬 오래전인 부안 방사능 폐기물 처리장 유치를 둘러싼 집회 시위 역시 현지 주민보다 외부 세력이 그 분위기를 과격하게 끌고 갔던 기억이 생생하다. 민변이 주장하는 집회·시위의 자유는 자신의 절박함을 직접 전하고 싶은 이해 당사자의 자유가 아니라 전문적인 시위꾼들의 자유라 해도 지나친 말이 아니다.

서울 시내 한복판에서 길을 막고 벌인 대한문 앞 시위를 정당하다고 주장한 것처럼 민변은 집회·시위 등 기본권의 정의에 대해서 늘 아전인수격으로 해석한다.

대한문 앞 집회가 헌법이 보장한 권리임을 확인한 서울행정법원 판결을 환영한다(2013년 12월 6일).

그런데 민변의 불만은 경찰이 대한문 화단 앞에서 시위를 못하게 막는 것이었다. 민변은 논평에서 경찰의 공권력 남용으로 인해 대한문 화단 앞이 절대적인 집회 금지 구역이 되었다고 주장했다.

지난 2012년 4월 5일~2013년 4월 4일 쌍용자동차 노조는 대한문 앞 세종대로 보도에 천막을 설치하고 시민들의 보행권을 침해했었다. 또 광화문 파이낸스센터 건물 앞 보도에 6.25전쟁 관련 전시 패널이 다량으로 설치돼 수년 간 시민 불편을 초래했는데 이런 시설물은 지난 11월 6일 철거됐다(「문화일보」 2013년 12월 3일).

「문화일보」의 기사에 따르면 대한문 앞길에서 무려 365일 동안 시민들의 보행권이 침해당했음에도 불구하고 이에 대해 헌법재판소의 판결은 민변의 손을 들어주었다. 30여 명의 집회 시위는 교통 방해가 되지 않는다는 이유다. 대한문 앞은 단순히 보행자 혹은 자동차의 통행을 위한 도로만은 아니다. 외국인 관광객이 많은 곳이고 내국인 역시 즐겨 찾는 관광지이기도 하다. 집회·시위의 자유도 좋지만 1년 365일 줄기차게 분향소를 차려 놓고 시위를 하는 것은, 그래서 지나다니는 사람들의 눈살을 찌푸리게 한 것은 분명히 말해 집회·시위의 자유 혹은 권리를 남용한 것이다.

보수든 진보든, 어느 쪽을 표방하는 시민단체든 이런 독선에 대해서는 자성할 필요가 있다. 집회·시위 신고증을 전면에 내걸고 자신의 주장을 위해 1년 내내 특정 공간을 독차지하면서 다른 사람들의 주장에는 아랑곳 하지 않는 독선은 버려야 한다. 이러한 성찰적 반성이 없다면 시민 운동은 국민들로부터 외면받을 수밖에 없다. 좌파든 우파든 '시민' 없는 시민단체가 대부분인 것은 독선이나 성찰 부족임을 명심해야 한다.

민변은 집회와 시위의 자유에 대한 해석의 범위를 학교 안의 학생에게까지 확장한다. 그들은 학생인권조례의 제정을 주장하면서 학교 규칙으로 집회의 자유를 제한할 수 있도록 한 단서 조항을 사회적 합의를 통해 개선해 나가자고 주장한다. 학생들이 학칙에 제한받지 않고 집회를 할 수 있는 것은 "학생들이 학교 안팎에서 정치적 활동을 포함하여 결사와 표현의 자유를 완전히 향유할 수 있다는 아동권리협약의 내용을 재확인하는 규정들"이라고 주장한다.

초중고교에 다니는 어린 학생들뿐만 아니다. 민변은 정년이 보장되고 국민의 세금으로 평생 봉급을 받으며 정치적으로 중립 의무를 가진 공무원들에게도 집회와 시위의 자유를 주어야 한다고 주장한다. 국민 대부분은 세금으로 월급을 받는 공무원이 노조를 구성해도 되는 것인가 의아해 하고 있다. 반면 민변은 공무원 노조의 인정은 물론 그들의 불법 행위까지 옹호하고 나섰다. 민변은 "전교조 교사와 시국 선언 관련 집회에 참여한 혐의로 기소된 공무원 노조 소속 공무원 전원에게 벌금형을 선고하였다. 매우 실망스럽다."(2010년 9월 13일)라는 논평을 내놓기도 했다. 이런 민변의 논리는 국민적 정서 및 공감대와는 정말 동떨어져 있다.

집회 시위에 관한 법률 이외에 '형법 제185조 논란'이야말로 민변의 왜곡된 가치관을 그대로 보여준다. 2010년 도로를 불법으로 점거하여 다른 국민의 통행 등에 방해를 준 시위대가 형법 제185조 일반교통방해죄로 처벌받는 일이 일어났다. 민변은 이 건에 대해 헌법재판소에 위헌 심사 청구를 했지만 헌법재판소는 민변의 기대와는 달리 합헌 결정을 내렸다. 그 결정에 대해 민변은 다음과 같은 논평을 내놓았다.

오늘 헌법재판소는 형법 제185조 일반교통방해죄에 대하여 단 한 명의 반대 의견도 없이 합헌 결정을 내렸다. 이는 국민의 기본권 보루로서의 헌법재판소의 책무를 방기한 것으로서 심히 실망스러울 뿐만 아니라 과연 헌법재판소가 존재해야 할 이유가 있는지에 대한 심각한 회의마저 들게 한다. …… 헌법재판소의 이번 결정에도 불구하고, 세계 어느 나라의 입법례에서도 찾아볼 수 없는 일반교통방해죄에 대한 위헌 시비는 계속될 것이다. 단순히 도로에서의 집회나 시위에 참가했다는 이유만으로 도로를 파괴하는 행위나 도로를 장애물로 불통시키는 행위와 동일하게 중형으로 처벌되는 것을 납득하지 못하는 국민들은 여전히 많을 것이기 때문이다. 국회는 이미 만들어져 있는 법무부의 형법개정안을 중심으로 조속히 위와 같은 전 근대적인 일반교통방해죄를 독일, 일본 등 선진국의 입법례에 맞게 올바로 개정하는 작업에 착수해야 할 것이다. 헌법재판소가 자신의 사명을 방기한다면, 국회가 입법을 통해 이를 바로잡아야 한다. 그것이 국회가 존재하는 이유이다(2010년 3월 25일).

민변은 헌법재판소가 존재해야 할 이유가 있는지에 대한 심각한 회의가 든다고 했다. 이런 언사는 법률가로서의 품위는커녕 법치 국가에 사는 대한민국 국민으로서의 소양까지도 내팽개친 것이다. 그들이 대한민국 상위의 사법 기관인 헌법재판소까지 불신하는 이유는 단 하나이다. 자신들이 원하는 결정을 헌법재판소가 내놓지 않았기 때문이다. 헌법재판소의 결정을 겸허히 받아들이지 않는다면 헌법재판소의 결정을 기다릴 이유가 없을 것이다.

다시 논평의 내용을 보면 "시위대가 단순히 도로에서의 집회나 시위에 참가했다는 이유만으로 도로를 파괴하는 행위나 도로를 장애물로 불통시키는 행위와 동일하게 중형으로 처벌"했다는 내용이 있다. 그런데 오늘의 대한민국은 시위대가 '단순히 도로에서의 집회나 시위에 참가했다는 이유만으로 체포하여 처벌하는 나라가 아니다. 그러한 사실이 발생했다면 민변 뿐만 아닌 국민이 먼저 분노할 것이다. 또한 논평 중 '이를 납득하지 못하는 국민들은 여전히 많을 것'이라 얘기 하는 것도 국민의 수준을 우습게 보는 처사이다. 마치 국민의 판단을 무시한 채 민변의 주장이 절대적인 것처럼 여기고 있는 것이다.

앞서 말한 것처럼 민변은, 야간 집회 금지에 관한 헌법재판소의 합헌 결정에서는 '교통 혼잡이 우려되는 집회는 금지할 수 있는 조항을 활용하라.'라고 한 바 있다. 그래놓고 시위대에게 일반교통방해죄를 적용하는 것을 '전 근대적인' 일이라고 비난하였다. 이는 앞뒤가 전혀 맞지 않는 민변의 모순과 궤변을 드러낸 사례이다.

또한 민변이 헌법재판소까지 이 문제를 들고 간 것은 국회가 해결할 수 없다고 생각한 때문일 것이다. 국회에서 해결할 일이면 왜 헌법재판소까지 끌어들였겠는가? 그런데 헌법재판소의 결정이 자신들의 입맛에 맞지 않으니까 반대로'국회가 이 일을 바로잡아야 한다.'라고 했다. 덧붙여 국회가 존재하는 이유까지 들먹거렸다. 이 일만 봐도 민변은, 어떤 일이든 자신들이 옳다고 주장하는 궤변론자들임을 알 수 있다. 게다가 자신들이 옳다는 것을 내세우기 위해 국회든 헌법재판소든 가리지 않고 그 권위에 흠집을 내고 있는 것이다.

그렇다면 헌법재판소의 결정이 구체적으로 어떤 것이었는지 '형법 제185조 위헌 제청' 결정문의 내용을 살펴보자.

형법 제185조 위헌 제청(2010. 3. 25. 2009헌가2)

【결정 요지】

① 이 사건 법률 조항은 육로 등의 손괴에 의한 교통 방해, 육로 등을 불통하게 하는 방법에 의한 교통 방해 이외에 '기타 방법'에 의한 교통의 방해를 금지한다. 교통 방해의 유형 및 기준 등을 입법자가 일일이 세분하여 구체적으로 한정한다는 것은 입법기술상 불가능하거나 현저히 곤란하므로 위와 같은 예시적 입법 형식은 그 필요성이 인정될 수 있으며, '기타의 방법'에 의한 교통 방해는 육로 등을 손괴하거나 불통하게 하는 행위에 준하여 의도적으로, 또한 직접적으로 교통 장해를 발생시키거나 교통의 안전을 위협하는 행위를 하여 교통을 방해하는 경우를 의미하는 것으로서 그 의미가 불명확하다고 볼 수 없다. 나아가 '교통 방해'는 교통을 불가능하게 하는 경우뿐 아니라 교통을 현저하게 곤란하게 하는 경우도 포함하고, 여기서 교통을 현저하게 곤란하게 하는 경우에 해당하는지 여부는 교통 방해 행위가 이루어진 장소의 특수성과 본래적 용도, 일반적인 교통의 흐름과 왕래인의 수인가능성 등 제반 상황을 종합하여 합리적으로 판단될 수 있다. 따라서 이 사건 법률 조항은 죄형법정주의의 명확성 원칙에 위배되지 않는다.

② 현대 사회에서의 교통의 중요성 및 교통의 안전 침해가 초래할 수 있

는 생명·신체 또는 재산의 위험을 고려한다면 교통 방해 행위에 엄정한 책임을 묻기 위하여 과태료 등 보다 경미한 제재가 아닌 형사 처벌을 그 제재 수단으로 선택한 것이 현저히 자의적인 것으로서 국가형벌권 행사에 관한 입법 재량의 범위를 벗어난 것이라 보기 어렵다. 한편 이 사건 법률 조항은 집회의 자유를 직접 제한하는 것은 아니고, 다만 개별 구체적인 사례에서 일정한 교통 방해를 수반하는 집회 또는 시위 행위가 이 사건 법률 조항의 구성 요건에 해당되는 경우에 집회의 자유가 제한되는지에 관한 의문이 제기될 수 있다. 그러나 교통 방해가 헌법상 보장되는 집회의 자유에 의하여 국가와 제3자에 의하여 수인되어야 할 것으로 인정되는 범위라면, 사회 상규에 반하지 아니하는 행위로서 위법성이 인정될 수 없고 형사처벌의 대상이 될 수 없는 바, 이는 구체적 사안을 전제로 법원이 판단하여야 할 개별 사건에서의 법률의 해석·적용에 관한 문제일 뿐, 집회의 자유의 실질적 침해 문제가 발생하지 않는다.

난해한 용어가 가득 찬 결정 요지이지만 위 글에서는 다음과 같은 문장을 찾을 수 있다.

그러나 교통 방해가 헌법상 보장되는 집회의 자유에 의하여 국가와 제3자에 의하여 수인되어야 할 것으로 인정되는 범위라면, 사회 상규에 반하지 아니하는 행위로서 위법성이 인정될 수 없고 형사 처벌의 대상이 될 수 없는 바……

이 글의 요점은, 형사 처벌 대상이 되지 않으려면 국가와 제3자가 "집회의 자유에 의거한 행동을 하는 것"으로 인정을 하는 행위여야 한다는 것이다. 무조건 모든 시위와 집회가 형사처벌 대상에서 벗어난다는 것은 아니다. 이런 결정이 내려졌을 때 민변이 상식적인 집단이라면 시위대의 행동이 '국가와 제3자'로부터 인정받을 수 있는 행동이었는지 돌아봐야 했을 것이다.

물론 또 다른 전문가의 해석이 필요하지만 법은 일반인의 상식에 부합해야 한다는 법 철학 원리를 상기할 필요가 있다.

헌법재판소의 결정 요지를 전체적으로 다시 한번 꼼꼼하게 살펴보면 '형사처벌의 대상이 아니려면 첫째, 집회의 자유는 국가와 제3자가 수인되어야 한다고 했다.' 국가는 그렇다 치더라도 제3자인 운전자나 집회에 참가하지 않은 일반 시민, 즉 주변을 오가는 왕래인이 인정하고 받아들일 수 있어야 한다는 단서가 붙어 있다. 물론 결코 쉽지 않은 단서이다.

둘째로 '회피되기 어려운 일정한 교통 방해의 경우는 사회 상규에 반하지 아니하는 행위로서 위법성이 인정될 수 없다.'라고 헌재는 설명했다. 그러니까 집회·시위의 자유가 헌법상 보장되는 자유이고 이로 인해 어쩔 수 없는, 교통 방해가 된다면 이를 사회 상규로 본 것인데, 어쩔 수 없는, 즉 '회피'되기 어려운 일정한 교통의 방해는 무엇일까? 이것도 마찬가지로 제3자가 인정하는 범위에 따라서 판단해야 할 것이다. 상식을 가진 제3자가 봤을 때 "교통에 방해되지만 저건 어쩔 수 없는 일이야."라고 받아들일 수 있는 일이라면 형사처벌 대상이 되지 않는다는 것이다.

물론 이 조항에는 오해의 소지가 많이 있다. 당시 「세계일보」에서도 그 점을 지적했다.

도로 점거 시위를 형법의 일반교통방해죄로 처벌하는 건 헌법에 어긋나지 않는다는 헌법재판소 결정이 나왔다. 헌재는 다만 "평화적 집회·시위로 인한 교통 방해는 처벌 대상이 아니다."라고 못박아 향후 경찰 수사와 법원 재판에 어떤 영향을 미칠지 주목된다. …… 하지만 헌재는 이날 "헌법이 보호하는 평화적 시위나 집회에 불가피하게 수반되는 교통 방해 행위는 사회 상규에 반하지 않는다."라며 "형법상 교통방해죄로 처벌할 수 없다."라고 강조했다. 헌재 관계자는 "도로 점거 시위를 무조건 처벌하라는 게 아니고 재판부가 교통 방해의 이유, 정도 등을 개개 사안별로 따져 유·무죄를 가려야 한다는 뜻"이라고 설명했다.(「세계일보」 2010년 3월 25일)

「세계일보」의 지적대로 '평화적 집회·시위'가 어느 정도까지인지에 대한 논란의 소지는 남아 있다. 다만 헌법재판소의 결정 취지에 '사회 통념상 받아들일 수 없는 폭력적인 시위는 불법적 행동으로 간주하여 이를 막아야 한다.'라는 의도가 들어 있음은 분명하다. 그것이 다수의 국민이 원하는 사회 정의이기도 하다.

민변은 앞의 논평에서 '중형으로 처벌되는 것을 납득하지 못하는 국민들은 여전히 많을 것'이라고 했다. 헌법재판소의 결정에 의하면 국민들이 납득하는 사안이라면 절대로 중형으로 처벌받지 않는다. 그러니 국민에 대해서는 이 논평과 같은 우려는 하지 않아도 될 것이다.

이상에서 본 바와 같이 민변은 집회·시위의 자유에 대해 집요하게 싸워왔다. 국회의 결정이 성에 안 차면 헌법재판소로 달려가고 헌법재판소의 결정이 맘에 안 들면 다시 국회로 달려와 자신들이 원하는 것을 얻을 때까지 떼를 쓴다. 그러면서도 민변은 집시법 개정안이 나올 때마다 성명과 의견서를 내어 개정안의 입법 활동을 저지했다.

민변은 헌법재판소 결정에 불만스럽다고 했지만 그들은 헌법재판소 판결을 통해 더 큰 것을 얻었다. 야간 옥외 집회와 시위를 확보하게 된 것이다. 물론 24시 이후의 시위 금지가 합헌이라고 결정되었지만……

이쯤에서 필자는 집회·시위의 자유를 위해서 민변에게 다음과 같은 제안을 할까 한다.

필자는 동일 장소에서 동일 단체 혹은 동일 사유로 3일 이상의 집회를 하지 못하도록 원칙을 만들 것을 제안한다. 이는, 민변의 주장대로 보수 단체와 경찰청이 짜고 특정 지역의 집회·시위 신고를 1년 내내 독점하게 될 경우 헌법에 보장된 집회·시위의 자유가 침해되는 경험을 했고, 마찬가지로 진보 단체와 전문 시위꾼들이 가담하여 대한문 앞 등 특정 장소를 1년 365일 독점하게 되면 이 또한 다른 의견을 내세워 집회·시위를 할 자유가 침해되기에 하는 제안이다. 사안에 대한 갑론을박을 위하여 이보다 좋은 제안이 어디 있겠는가? 또 다른 방법으로 하루씩 번갈아 가며 집회·시위를 하면 어떨까? 그러면 적어도 민변의 주장대로 보수 단체가 경찰과 짜고 대한문 앞을 선점한다거나 진보 단체가 부지런히 집회·신고를 마쳐 대한문 앞을 장악하는 일은 없어질 것이라고 생각한다.

이것도 집회 시위의 자유를 제한하는 것인가? 만약 그렇다면 아예 집회·시위 자유 구역을 만들면 어떨까? 사전 신고를 할 필요도 없고 시간 제한을 받을 필요도 없는 프리존을 만들자는 이야기이다. 광장을 살려야 민주주의가 산다는 민변의 주장에 충분히 동의하기 때문이다. 다만 그 광장은 주변 주민들의 동의가 있어야 하지 않을까? 주민들이 동의하는 집회·시위의 자유 구역 내에서 언제나 누구든지 자신의 주장을 펴도록 하는 것이 진정한 결사의 자유를 보장하는 일이다.

한 가지 더 알아둘 일이 있다. 헌법재판소가 형법 185조 도로교통방해에 대한 처벌에 대해 합헌 결정을 하자 민주당 이춘석 의원이 발 빠르게 형법 개정안을 들고 나왔다. 현행 형법의 '기타 방법으로' 문구를 삭제하자는 안이다.

현행 형법 제185조(일반교통방해)에는 "육로, 수로 또는 교량을 손괴 또는 불통하게 하거나 기타 방법으로 교통을 방해한 자는 10년 이하의 징역 또는 1,500만 원 이하의 벌금에 처한다."라고 되어 있는데 이춘석 의원은 대표 발의를 통해 다음과 같이 고치자고 제안하였다.

형법 제185조(일반교통방해) 육로, 수로 또는 교량을 손괴 또는 불통하게 하거나 교통로의 표지 그 밖의 부속물을 손괴, 제거, 변경하거나 허위의 표지나 신호를 하여 교통을 방해한 자는 10년 이하의 징역 또는 1,500만 원 이하의 벌금에 처한다.

궤변으로 국가 질서를 혼란에 빠트리는 민변 등의 주장에 대해 따끔한 충고는커녕 이에 적극 동조하거나 더 앞서가는 정치인들을 볼 때 국민은 불안하다. 이춘석 의원이 발의한 개정안의 핵심은 '기타 방법으로'라는 조항 대신 구체적으로 도로 교통 방해의 유형을 명기하자는 것이다. 이춘석 의원의 개정안대로 법률이 고쳐지면 이번 헌법재판소의 결정은 무용지물이 되고 만다.

2장

민변과 집단소송법

민변은 2008년부터 입법 감시 활동을 시작하며 "2008년 정기 국회 핵심 16개 법안 민변 의견서"를 발표했다. 그 중 첫 번째는 '집회 및 시위에 관한 법률' 개정안에 관한 것이다. 그리고 두 번째가 바로 '불법 집단 행위에 관한 집단소송법' 제정안 의견서이다. 이 법률안은 당시 한나라당 손범규 의원 외 23인이 입법 발의를 했고 이들은 제안 이유를 다음과 같이 밝혔다.

최근 불법 집회·시위 등 불법 집단 행위로 인하여 대규모의 국가적, 사회적 피해가 발생하여 사회적 논란을 야기하고 있고, 피해를 입은 다수의 개개인이 단독으로 손해 배상 청구의 소를 제기하기에는 어려운 점이 많아 사실상 권리 구제의 사각지대에 놓여 있음. 이 경우 현행법상으로는 선정 당사자 제도 등을 이용할 수 있지만 집단 분쟁의 효율적 해결에는 미흡한 점이 많음. 이에 집단 불법 행위로 인하여 피해를 입은 다수의 사회적 약자가 효율적으로 일괄하여 피해 구제를 받을 수 있는 소송제도를 도입함과 동시에 이를 통하여 적법하고 평화적인 집회·시위 문화의 기반을 마련하고자 함.

상식적으로 생각한다면 충분히 수긍이 가는 법안이다. 불법 집회·시위 등으로 피해를 입은 다수의 개개인이 단독으로 손해배상청구의 소를 제기하기에는 어렵기 때문에 피해를 입은 다수의 사회적 약자가 효율적으로 일괄하여 피해 구제를 받게 하기 위해 새로운 법을 만들자는 취지이다. 이 법률 제정안의 주요 내용은 다음과 같다.

가. 불법 집단 행위에 관한 집단 소송을 불법 집단 행위로 인하여 다수인에게 피해가 발생한 경우 그 피해자 중의 1인 또는 수인이 대표 당사자가 되어 수행하는 손해 배상 청구 소송으로 정의함(안 제2조 제1호).

나. 불법 집단 행위에 관한 집단 소송은 불법 집단 행위로 다수인에게 피해가 발생한 경우에 그 행위를 한 자 또는 그 행위를 하게 하거나 도운 자를 상대로 하는 손해 배상 청구에 한하여 제기할 수 있도록 함(안 제3조).

이에 대해 민변은 이를 '집단소송제 모독법'이라 비난했고 '집회 말살법'이라며 이를 완강하게 반대했다. 민변의 반대 의견은 다음과 같다.

가. 세계 어느 나라에서도 찾아볼 수 없는 집회·시위의 자유를 침해하는 위헌적 발상. 세계적으로 집회와 시위에 대해 집단소송제를 도입하는 나라는 찾아볼 수 없다. 한마디로 위헌적 발상이다. 제정안은 명칭상 '불법 집단 행위'라고 쓰고 있으나, 사실상 집회와 시위의 자유를 표적으로 하고 있음을 알 수 있다.

그렇다면 세계적으로 우리나라와 같은 불법 집회 시위가 성행하는 나라는 다시 있던가 묻고 싶다. 공권력의 최종 집행자인 경찰이 집회 시위꾼들에게 두들겨 맞는 나라가 또 어디에 있던가? 세계적으로 이 법을 도입하는 나라가 없다면 역시 세계적으로 그러한 원인을 제공한 나라는 있었는지 찾아봐야 한다. 선진 민주국가에서 불법 폭력 시위가 없고 경찰이 폭력 시위대의 죽봉에 찔리는 일이 없었다면 이러한 법률안 자체가 나오지 않았을 것이다. 그러나 대한민국에서의 불법 폭력 시위는 엄연한 현실이고 이것이 세계에 유례가 없는 우리만의 현실이라면 이러한 법률 역시 우리나라에서만이라도 만들어져야 한다. 그래야 국민의 기본권이 지켜질 수 있기 때문이다.

또한 민변은 불법과 적법을 구분하지 못하는 모양이다. 그들은 불법 집단 행위를 '사실상 집회와 시위'의 모든 것으로 착각하고 있거나 아니면 그들이 생각하는 모든 집회·시위를 불법이라고 스스로 인정하는 식의 의견서를 냈기 때문이다. 법률 제정안에서 불법 집단 행위에 대한 용어는 "집회·시위 중에 고의 또는 과실로 폭행, 협박, 손괴, 체포, 감금, 방화, 건조물 침입 등 위법 행위가 집단적 형태로 이루어진 것"이라고 분명하게 정의해 주었다. 평화적 시위와는 전혀 상관없는 행위들이다. 따라서 폭행이나 협박, 손괴, 방화 등의 불법 요소가 없는 집회·시위라면 이 법에 관심을 둘 필요도 없다. 그런데 왜 민변은 이 법의 입법을 그토록 반대하는가? 다음도 이 법률안에 대한 민변의 주장이다.

이 제정안은 공공연히 '떼법 방지법'이라고 불리고 있다. 시민들이 정치적 의사를 표현하는 것을 '떼 쓴다.'고 인식하는 것 자체가 민주 사회에서 있을 수 없는 일이다. 결과적으로 제정안은 헌법이 보장하는 집회와 시위의 자유, 더 나아가 정치적 표현의 자유를 근본적으로 훼손하게 될 것이고, 다양한 집회 참여를 위축시킴으로써 민주주의에 역행하는 제도가 될 수밖에 없다.

떼법! 오죽하면 떼법이라는 말이 등장했을까? 사실 떼법은 법치주의를 해치는 잘못된 관행이다. 반드시 뜯어 고쳐야 할 병폐 중의 하나이다. 그런데 우리나라는 사실상 떼법이 통하는 나라이다. 이제 2년 전에 들은 이야기를 하나 소개하겠다. 전직 서울시 의원으로서 상당한 정치적 영향력을 갖고 계신 분이 있었다. 그는 함께 하는 모임에서 자신이 들은 기가 막히는 이야기를 전해 주었는데 그게 바로 떼법 이야기였다. 자신의 동창들이 법조계에 많이 있는데 동창회에서 그들끼리 하는 이야기를 들었다고 했다. 판사들이 판결을 내릴 때 여론의 동향을 살피는 것을 넘어 떼를 쓰는 사람들에게 우호적인 판결을 할 수밖에 없다는 것이다. 이것이 떼법이 아니고 무엇이겠는가?

떼법이 나온 배경은 다른 것이 없다. 다만 떼 쓰는 사람들에게 유리하게 판결하거나 떼거지로 모여서 시위를 하면 그들의 요구 조건을 들어줄 수밖에 없다는 사회적 인식이 작용한 것이다.

시민들이 정치적 의사를 표현하는 것을 막을 수도 막아서도 안 되지만 그 표현에 불법적인 요소가 담겨 있으면 그것은 어떤 이유로도 용납할 수 없는 것이 법치주의, 민주주의의 질서이다. 위와 같은 민변의 태도는 정치적 의사를 표현할 때는 '떼를 쓰겠다.' 혹은 '비록 불법적인 면이 있어도 더 큰 것을 위해 작은 불법적 요소는 문제될 것 없다.'라는 식의 발상이나 다름없다. 이런 주장을 내세우니 민변이 궤변론자라는 것이다.

만약 불법 폭력 집회가 사라진다면 더 많은 시민이 더 많은 주제로 더 많은 집회와 시위를 하게 될 것이다. 지금 많은 국민은 '집회·시위' 하면 '불법 폭력'을 떠올린다. 누차 이야기하지만 '거짓과 광기의 100일'은 바로 쇠고기 광우병 촛불 집회를 냉철하게 평가한 시민단체가 붙인 이름이다. 집회·시위에서 거짓과 폭력 그리고 광기가 사라지면 국민들이 집회·시위를 바라보는 관점이 달라지고 집회·시위를 통해 세상을 바꿀 수 있다고 생각하게 될 것이다. 그러면 민변의 주장처럼 집회·시위의 자유가 말살되는 것이 아니라 오히려 더 활성화 될 것이다. 물론 불법 집회가 아닌 적법하고 평화적인 집회·시위가 정착될 것이다.

민변은 입만 열면 민주주의의 후퇴 혹은 역행을 부르짖고 있다. 그러나 민주주의는 오히려 불법 폭력이 난무하는 집회·시위에 대해 공권력이 제대로 집행되지 않을 때 후퇴하거나 역행한다. 그런 차원에서의 민주주의 후퇴라면 동의할지 모르나 민변이 주장하는 식의 민주주의 후퇴는 언어도단이다.

'불법 집단 행위에 관한 집단소송법'을 반대하는 민변의 주장은 다음과 같다.

나. 집단 소송의 본질에 반하는 입법 시도

① 집단소송제도는 다수의 피해자가 발생할 경우 그 피해 집단의 1인이나 수인이 다른 피해자들의 개별적 수권 없이 가해자를 상대로 모든 피해자들의 손해를 일거에 청구하는 소송제도를 말한다. 집단 소송은 필수적인 요건으로서 피해자(구성원)의 다수성, 전체 구성원들 청구의 공통성, 대표 당사자 청구의 전형성, 대표 당사자의 적절성을 갖추어야 하고, 나아가 유지 요건

으로서 법률상 또는 사실상의 쟁점이 구성원 개개인에게보다는 집단 전체에게 미치는 영향이 훨씬 강하고(압도성) 이러한 분쟁을 해결하는데 집단소송제도가 그 어느 분쟁 해결 제도보다 우수하여야 한다(우월성).

'다른 피해자들의 개별적 수권 없이'라는 의미를 살펴보기 위해 최근에 벌어진 금융기관이나 카드사들의 개인 정보 유출에 관한 집단 소송을 사례로 들 수 있다. 수십만 아니 수백만 명에 이르는 피해자가 개별적으로 동의하거나 인정하지 않은 상태에서 집단 소송을 할 수 있다는 이야기인데 그것은 법 감정에도 위배된다. 필자도 개인 정보가 유출되었을 때 집단 소송의 일원이 되어보려고 한 적이 있었다. 하지만 소위 '바쁘다.'는 핑계로 하지 못했다.

그런데 지금 생각해보니 안 하길 다행이다. 아직은 2차 피해가 없는 이유도 있지만 집단소송에 참여하다 보면 또 다시 나의 개인 정보를 누군가에게 제공해야 하는데 그 위험이 더 클 것이기 때문이다. 또 개인 정보 유출로 인한 2차 피해가 발생하면 반드시 책임지겠다고 정부도 약속하고 금융기관도 약속했는데 필자가 없는 시간을 쪼개서까지 개별적으로 찾아가서 도장을 찍을 이유는 없었기 때문이다. 그리고 조금 묘한 얘기지만 개인 정보 유출이 없는 상황에서의 금융 사기 피해를 입었을 때보다 개인 정보가 유출된 이후에 금융 사기 피해를 당한다면 피해자인 내가 항변하기가 좀 더 수월해진다는 이점도 있다. 필자의 입장이야 어찌되었든 여러 가지 이유로 집단 소송에 참여하지 않는 피해자가 많을 텐데 개별적 수권 없이 가해자를 상대로 모든 피해자의 손해를 일거에 청구하는 제도가 '집단소송제'라고 하는 의견에는 동의할 수 없다.

그리고 '대표 당사자의 적절성'에 대해서도 의문이 든다. 금융 고객 정보 유출의 피해자가 수백만 명에 이르기 때문이다. 예를 들어 전북 진안은 인구가 3만 명이 안 되지만 군수와 기초의원을 뽑는데 엄청난 돈이 들어간다. 철저한 선거 관리를 한다 해도 공정성 시비가 붙는데 수백만 명이나 되는 집단 피해자의 대표를 어떻게 뽑아야 적절한지도 애매하고 실현 가능성은 거의 없어 보인다.

그냥 지금처럼 하면 된다. 집단소송법이 없어도 변호사 한 사람이 나서고 거기에 동의하는 피해자들이 서명하고 진행하면 그만이다. 규제를 개혁해서 경제를 성장시키겠다고 대통령까지 발 벗고 나섰지만 사실상 국민을 옥죄는 가장 큰 규제는 법적 규제이다. 공무원들은 법대로 했다고 하면 최소한의 책임은 면할 수 있다. 법은 국민 개개인의 기본권을 지키기 위해서 필요하다. 하지만 법은 최소화해야 한다. 법이 많을수록 규제는 늘어난다. 규제인 것을 알면서도 법을 만드는 이유는 그 규제가 국민의 기본권을 지켜주는 공권력이 되기 때문이다.

계속해서 민변이 '불법 집단 행위에 관한 집단소송법'을 반대하는 이유를 살펴보자.

② 미국과 독일 등에서 시행 중인 집단소송법은 우월적 지위에 있는 국가나 대기업의 불법 행위를 견제하고 다발적인 소액 피해자들을 효과적으로 구제하기 위한 제도이다. 제정안의 제안 이유에서 집단 소송을 "집단 불법 행위로 인하여 피해를 입은 다수의 사회적 약자가 효율적으로 일괄하여 피해 구제를 받을 수 있는 소송 제도"라고 하고 있는데, 집단 불법 행위를 국가나 대기업이 할 가능성은 별로 없으므로 아마도 제정안에서 가해자로 상정하고 있는 것은 집회를 주관한 시민단체인 듯하다. 그러나 집회 주관 시민단체를 국가나 대기업과 동일시한다는 것 자체가 개념 모순일뿐더러, 이렇게 되면 결과적으로 집단 소송 제도가 시민 사회 분열의 수단으로 악용되고 말 것이다.

미국과 독일의 집단소송법을 살펴보지 못해서 큰소리 칠 형편은 아니지만 그래도 몇 가지 짚어볼 것은 있다. 앞부분에 '미국과 독일 등에서 시행 중인 집단소송법은 국가나 대기업의 불법 행위를 견제하고'라는 말이 있다. 그런데 바로 뒤에는 '집단 불법 행위를 국가나 대기업이 할 가능성은 별로 없으므로'라고 쓰여 있다. 미국이나 독일에서는 국가나 대기업이 불법 행위를 하는데 대한민국에서는 국가나 대기업이 불법 행위를 할 가능성이 없다는 얘기인가? 민변이 이렇게 대한민국의 국가와 대기업을 신뢰하고 있었는지 예전엔 미처 몰랐다. 그것이 아니라면 민변은 자신들이 금방 뱉은 말조차도 뒤집는 사람들이라는 증거가 된다.

독일과 미국에서는 국가나 대기업이 우월적 지위에서 불법 행위를 하고 있다고 생각하는 민변이 우리나라에서는 국가나 대기업이 우월적 지위에서 불법 행위를 할 가능성이 별로 없다고 생각할 리는 절대 없다. 민변은 입만 열면 공권력의 남용이라며 국가의 행정, 입법, 사법 행위를 부인한다. 게다가 민변은 대기업을 '악의 축' 정도로 생각하고 있다. 그런 사람들이 우리나라는 미국이나 독일과 달리 국가나 대기업이 우월적 지위에서 불법 행위를 할 가능성이 별로 없다고 했으니, 상황에 따라 말이 달라지는 민변의 태도에 대해서 '궤변론자'라는 말 외에 딱히 표현할 방법이 없다.

또한 '도둑이 제 발 저린다.'라는 말은 바로 이 경우를 두고 하는 말인 것 같다. 민변은 '집단 불법 행위에 관한 집단소송법'이 바로 자신들을 향하고 있다는 것을 스스로 깨닫고 있음이 분명하다. 자신들이 절대 불법을 저지른 적이 없다고 생각한다면 이런 법이 자신들을 겨냥한다고 생각하지도 못할 것이다. 이제껏 자신들이 얼마나 많은 불법을 저질러 왔는지 인식했음으로 이런 예민한 반응이 즉각적으로 나타난 것이다.

민변은 또 이 법안이 시민 사회 분열의 수단으로 악용된다고 했다. 대한민국의 시민 사회가 이미 수 년 전부터 보수와 진보를 앞세워 치유할 수 없을 정도의 분열을 겪고 있는데 새삼스럽게 '시민 사회 분열의 수단으로 악용'될 일이 무엇 있겠는가? 민변은 자신들에게 불리한 법안이 제안되자 해묵은 시민 사회의 분열까지도 이 제안에 덤터기를 씌우려 하고 있다. 계속해서 민변의 입장을 더 살펴보자.

③ 제정안(불법 집단 행위에 관한 집단소송법)은 집회와 시위에 의한 피해를 보전하는 효율적 수단이 될 수도 없다. 설령 집회와 시위에 의해 입은 물질적 피해가 있다고 하더라도 그 피해는 각양각색일 수밖에 없으며, 정신적 피해(위자료)는 집회·시위에 대한 호감도(태도)에 따라 모든 사람이 다양한 감정을 가질 수밖에 없으므로 측정 불가능한 영역이다. 따라서 제정안은 집단 소송의 본질적인 요소인 '집단의 공통성 또는 동질성'을 확보할 가능성이 전혀 없다. 집단의 동질성이 없다면, 대표 당사자는 집회와 시위가 '불법'이라고 주장하는 '정치적 선전자'의 지위를 갖게 될 뿐이고, 집단 소송은 문제의 해결 방법은커녕 갈등 요인으로 전락하고 말 것이다. 피해 집단의 동질성이 확보되지 못하게 되면 개별 피해자는 소송 과정에서 자신의 피해에 대한 인과 관계와 액수를 개별적으로 입증해야만 한다. 그러한 입증의 기회를 충분하게 보장하지 않거나 입증이 제대로 되지 않은 상태에서 판결이 선고되고 별도로 소송을 제기할 기회를 봉쇄한다면 오히려 당해 피해자의 재판받을 권리를 침해할 우려마저 있다.

누구나 상대방의 말을 끝까지 듣지 않고 자기 소리만 하다보면 실수를 범하게 되어 있다. 이것은 하나의 경험칙이고 세상사의 이치다. 신중히 듣고 신중히 비판해야 한다는 말이다(필자도 이 글을 쓰면서 신중하지 못한 것은 아닌지 수십 번 고민하고 곱씹었다). 민변도 자신들의 입장을 밝히면서 실수를 되풀이하고 있다.

민변이 불법 집단 행위에 관한 집단소송법을 반대하는 이유 중에는 마치 민변이 집단 불법 행위로 인해 집단 소송을 하게 될 가상적 피해자들을 끔찍이도 대변하고 있는 듯한 대목도 포함되어 있다. 만일 민변이 얘기하는 것처럼 별도로 소송을 제기할 기회를 갖출 만한 피해자 혹은 별도로 소송을 제기할 만큼 피해를 본 사람들은 집단소송법에 의존할 필요가 없을 것이다. 집단소송법은 별도로 소송을 제기할 수 있는 사람들을 위한 법이 아님을 누구보다도 민변은 잘 알고 있을 것이다. 그들은 그 분야의 전문가들이니 말이다. 그런데 민변은 상황에 따라 이랬다 저랬다 아무 말이나 쏟아내고 있다.

민변은 '집회와 시위에 의해 입은 물질적 피해가 있다고 하더라도 그 피해는 각양각색일 수밖에 없으며, 정신적 피해(위자료)는 집회·시위에 대한 호감도(태도)에 따라 모든 사람이 다양한 감정을 가질 수밖에 없으므로' 집단의 공통성 또는 동질성을 확보할 가능성이 전혀 없다고 했다. 하지만 집단소송에 참여하는 피해자는 이미 공통성과 동질성을 갖춘 집단이다. 그것은 바로 불법 시위로 인해 '피해'를 입었다는 것이다.

시위대의 주장에 동조한다고 해서 불법 시위가 벌어지는 아수라장에서 집 유리창이 안 깨지고 손님 끊기는 것에서 피해갈 수는 없다. 내 집 유리창이 깨지고 가게에 손님이 뚝 끊어져 손해가 막심한데도 허허 웃을 수 있다면 그 사람은 어차피 집단소송에 참여할 사람이 아니다. 그 사람의 정치적 성향이 어찌되었든 소송에 나선 사람은 자신이 시위대에 의해 '피해'를 입었다고 생각하는 사람이다. 그 이상 무슨 동질성이 필요하다는 말인가?

또한 '대표 당사자는 집회와 시위가 '불법'이라고 주장하는 '정치적 선전자'의 지위를 갖게 될 뿐'이라고 했는데 불법 시위 때문에 내 집 유리창이 깨져서 화가 난 사람들이 무슨 정치적 선전자의 지위를 갖게 된다는 말인가? 그렇다면 화가 나는데도, 자신의 쌩돈으로 피해 복구를 해야 하는데도 입 다물고 있는 것이 사회정의란 얘기인가?

또 민변은 '소송 과정에서 자신의 피해에 대한 인과 관계와 액수를 개별적으로 입증해야만 한다. 그러한 입증의 기회를 충분하게 보장하지 않거나 입증이 제대로 되지 않은 상태에서 판결이 선고되고 별도로 소송을 제기할 기회를 봉쇄한다면 오히려 당해 피해자의 재판받을 권리를 침해할 우려마저 있다.'라고 주장했다. 이 부분에서는 피해자가 개별적으로 피해를 입증하지 못하면 재판받을 권리조차 침해당할 것이라고 했다. 앞 부분에서 민변은 이 법안이 '집회를 주관한 시민단체를 겨냥한 것'이라고 성토했다. 그런데 여기서는 마치 자신들이 피해자의 권리를 걱정하는 것 같은 얘기를 하고 있다.

국민들은 민변의 이런 말들에 속아 넘어가서는 안 된다. 민변이 이 법안에 반대하는 이유는 분명히 '집회를 주관한 시민단체'들이 불이익을 입을까 우려되어서이다. 피해를 입은 국민이 권리를 제대로 행사하지 못할까봐 걱정되어서가 아니다. 민변은 불법시위로 피해를 입는 일반 국민은 안중에 두지 않는다. 이런 국민은 단지 자신들의 '집회·시위에 대한 호감도(태도)에 따라 다양한 감정'을 가진 사람일 뿐이다. 민변이 보호하는 것은 '집회를 주관한 시민단체'들이다.

민변은 우리나라 자영업자의 현실을 모르는 걸까? 한국은행에서 제공하는 국민 계정 통계표가 있다. 그 표에 의하면, 우리 국민은 개인 부문에서 2000년 259조 원이던 피용자 보수가 2010년에는 526조 원으로 두 배 이상 증가했다. 그러나 피용자 보수가 아닌 개인 부문의 영업 잉여는 11년 동안 거의 늘지 않았다. 월급쟁이는 10년 만에 두 배 이상의 월급을 받게 되었지만 자영업자는 집에 가져갈 돈이 없음을 의미한다. 자영업자의 수는 해마다 큰 폭의 증가와 감소를 반복한다. 창업과 폐업이 많기 때문이다. 버는 건 10년 전이나 같은데 고용하고 있는 월급쟁이의 월급이 올라가고 물가도 올라갔다. 이런 저런 상황을 감안하면 자영업자들의 수입이 '속빈 강정'이라는 것은 뻔한 얘기다.

정규직 귀족 노조 그리고 민변과 같은 변호사 등의 전문 직종을 제외하면 비정규직 종사자와 자영업자들은 지금 손가락을 빨며 근근이 연명하는 실정이다. 경제가 돌아가질 않는다고 아우성이다. 자영업자들이 쉬는 날도 없이 죽어라 일을 해도 집에 가져가는 돈은 한 달에 100~200만 원 남짓 한다는 통계는 사방에 널려 있다. 이 돈으로는 자녀 교육은커녕 4인 가족이 기초 생활하는 데도 부족하다. 그런데 불법 폭력 시위로 인해 하루 매출액이 절반으로 줄어들면 생계에 커다란 타격을 받는 것이다. 그렇다고 그 몇 십만 원 때문에 개별 소송을 제기하기도 어렵다. 몇 십만 원 혹은 몇 백만 원 손해를 보고 어찌 할 바 모르다가 이 법이 제정된다는 소식을 들었을 때 불법 폭력 집회가 난무하는 주변의 상가 주인들은 얼마나 안도했을까? 살기 힘들어 신음하는 자영업자들은 민변의 관심사가 아니다. 불법 폭력 시위로 인해 손해를 보고 있는 소수 자영업자들은 민변의 안중에 없다. 지금 민변은 정규직 노조인 귀족 노조를 대변하는데 힘을 쏟고 있기 때문이다.

자신들이 표장하는 것과는 달리 민변은 진짜 도움이 필요한 서민을 외면하고 있다. 민변의 궤변은 계속 이어진다.

다. 포괄적인 집단소송법 제정의 필요성

제정안의 제안 이유대로 시민의 재산권 보호가 진정한 목적이라면 집회·시위 영역이 아닌 국가와 대기업이 가해자가 되는 환경, 노동, 인권, 소비자 등 분야에 포괄적으로 적용되는 집단소송법을 제정하는 것이 올바른 태도이다.

포괄적이라는 말은 무슨 의미인가. '포괄적으로'이란 말은 '대규모로, 광범위하게, 한눈에 볼 수 있게' 등으로 풀이된다. 그러니까 집단 군중이나 불법 폭력 시위대를 가해자로 포함하는 것뿐만 아닌 국가나 대기업이 가해자가 되는 것도 포괄적 집단소송제일 것이다.

최근 벌어지고 있는 갑을 논쟁에서 '갑'보다 더한 '을'을 비판하는 기사도 많이 나오고 있다. 지금 우리 사회의 노동 문제 중 더 심각한 부분은 대기업의 정규직 노조가 문제가 아니라 대다수 중소기업의 열악한 근무 조건에 노출된 비정규직이 문제다. 국가와 대기업을 가해자로 보는 민변의 시각은 결국 국가가 고용하는 공무원의 노조인 전교조와 전공노, 그리고 대기업이 고용하고 있는 귀족 노조를 민변이 도맡아 대변하고 있음을 증명하는 것이다.

국가와 대기업을 가해자로 보는 것은 민변의 고객 충성도가 그만큼 높다는 말이다. 그들의 주 고객인 전교조와 귀족 노조를 위해서라도 민변은 국가 공권력과 싸워야 하고 대기업과도 역시 소송을 통해서 계속 싸워야 하지 않겠는가. 비정규직과 자영업자들은 변호사들에게 소송 대리를 할 만한 여건이 안 되니 그들이 신경 쓸 겨를이나 있겠는가.

이상과 같이 민변은 집시법 개정안에 관한 논쟁과 소송을 통해 야간 옥외 집회의 자유를 새롭게 얻어 냈지만 24시 이후의 시위에 대해서는 아직 그들의 뜻을 관철시키지 못했다. 그런가 하면 변호인의 접견교통권을 방어했으며 이 과정에서 경찰의 집회·시위 단속은 남용으로 처벌되기에 이르렀다. 일몰 이후 옥외 집회 금지 규정이나 전쟁터와 같은 곳에서의 공무 집행 행위가 공권력의 남용으로 판단된 것이다.

9부

민변과 법조인들

민변 출신 노무현 변호사가 대통령에 당선된 후 첫 인사에서 대통령은, 민변 출신 고영구 변호사를 국정원장으로 임명했다. 이에 대해 「시사저널」은, 국정원과 민변이 외나무 다리 위에서 끊임없이 혈투를 벌이다가 국정원이 아예 자기 소굴에서 민변 출신을 '수장'으로 모시게 된 격이라고 했다.

민변이 양심 있는 단체라면 이런 임명의 소식을 접한 후 즉각 성명을 내고 이를 만류했어야 했다. 왜냐하면 민변은 국가의 공권력은 국민 기본권을 침해한다고 주장했고 국정원을 해체하라고 주장했던 단체 아닌가. 권력을 잡으니 해체하라던 국정원장

자리를 자신들이 꿰차고 앉는다는 것은 대단한 모순이고 궤변이다. 이미 민변은 권력의 핵심으로 깊숙이 들어갔고 권력의 짜릿한 맛을 볼 대로 본 터였다. 그러다가 정권이 바뀌니까 정권을 흔들고 타도하는데 앞장서고 있다. 그러니 민변은 인권에 관심이 있는 게 아니라 정권에 관심이 있다는 소리를 할 수밖에 없다.

노무현 전 대통령 재임 때 민변 출신 문재인 변호사는 민정수석이 되었고 강금실 변호사는 법무부 장관이 되었다. 그 외에도 민변 출신의 국회의원 18명은 집권 여당이자 다수당인 열린우리당 내부에서 국가보안법 폐지를 당론으로 추진하였다.

당시 민변은, 대통령과 주요 요직의 인사들이 민변 출신이라는 점에 만족하지 않고 다른 분야에 공을 들였다. 그것은 다름 아닌 헌법재판관과 대법관을 자신들의 사람들로 채우는 것이었다. 300여 명 국회의원 중에 민변 출신 의원이 18명 밖에 안 되었지만, 그들을 중심으로 입법기관 국회를 끌고 가는 것은 그리 어려운 일이 아니었다. 또한 집행부의 수장과 핵심 권력 기관을 장악했으니 행정 권력도 민변의 손에 넘어간 것이었다. 남은 것은 사법 권력 뿐이었다. 사법 권력만 장악하면 대한민국은 완벽하게 민변의 세 치 혀로 움직일 수 있게 되었다.

민변은 일단 검찰을 두들기기 시작했다. 검찰도 경찰과 마찬가지로, 아니 경찰보다 더 강한 힘으로 국민을 억압하는 존재라는 인식을 심는 데 앞장섰다. 그리고 검찰이 그런 큰 힘으로 정의롭지 못한 일들을 벌인다는 느낌도 국민에게 안겨주었다. 결국 자신들과 반대쪽으로 정권이 넘어간 후로는 검찰을 아예 '정권의 시녀'로 전락시켜 버렸다. 다음은 검찰에 대한 민변의 논평을 정리한 것이다.

- 정치 검찰의 폭주, PD수첩 기소를 규탄한다(2009년 6월 18일).
- 김준규 검찰총장 후보자의 검찰총장 임명을 반대한다(2009년 8월 20일).
- 꼬리만 자르고 만 검찰의 민간인 사찰 수사(2010년 8월 11일)
- 한명숙 무죄 판결을 환영하며, 다시금 검찰 개혁을 촉구한다(2011년 11월 1일).
- 검찰은 국민에 대한 협박을 중단하기 바란다(2011년 11월 8일).
- 검찰의 정당에 대한 압수·수색에 대해 우려를 금할 수 없다(2012년 5월 22일).
- 검찰의 무죄 구형은 부당하다(2013년 1월 22일).
- 검찰의 억지 기소를 규탄한다(2013년 1월 25일).
- 검사에 대한 징계는 검찰을 더욱 추악하게 할 뿐이다(2013년 1월 3일).
- 또 하나의 부끄러운 검찰의 역사로 기록될 것이다(2013년 2월 7일).
- 과도한 구속 영장을 청구하는 경찰과 검찰을 규탄한다(2013년

7월 29일).

민변에게 경찰은 동네북이 된지 오래다. 여기에 검찰마저 두들겨 패는 것은 사법 권력을 넘보는 민변의 야심이 작용하고 있다. 그래서 민변은 헌법재판관과 대법관 선출 및 임명에 지대한 관심을 갖게 되었다. 재판관들을 자신들의 수중에 넣으면 경찰이나 검찰이 아무리 구속이나 기소를 해도 자신들이 원하는 방향으로 판결을 유도할 수 있다. 누군가를 구속하고 기소했는데 그가 죄없다고 판결되면 경찰이나 검찰의 위신은 한층 더 밑으로 추락해버린다. 결국 공권력이 처참하게 무너져버리는 것이다. 민변이 원하는 것이 바로 그런 것이다. 다음은 헌법재판관 및 대법관 그리고 검찰에 대한 민변의 성명과 논평을 정리한 것이다.

- 박한철 헌법재판관 임명을 반대한다(2011년 1월 28일).
- 국회의 조용환 헌법재판관 후보자 임명동의안 처리 지연을 강력 규탄한다(2011년 9월 22일).
- 국회의 조용환 헌법재판관 후보자 선출안 부결을 강력히 규탄한다(2012년 2월 9일).
- 헌법재판관 임명 절차를 개선하라(2012년 9월 19일).
- 자격 미달 이동흡 후보자, 헌법재판소의 위상마저 무너뜨릴 수 있다(2013년 1월 23일).

- 신영철 대법관 관련 성명보다 분명한 사실 규명과 책임을 요구한다(2009년 3월 16일).
- 신대법관 사태, 이제 대법원장이 책임지라(2009년 5월 13일).
- 법원과 신대법관은 마지막 기회를 버리지 말라(2009년 5월 11일).
- 대법원 구성의 다양성과 민주성 확보가 절실하며, 신영철 대법관 사퇴를 재촉구한다(2009년 9월 14일).
- 민일영 후보자의 대법관 임명을 반대한다(2009년 9월 16일).
- 국회는 신영철 대법관 탄핵소추 발의안을 신속히 의결하라(2009년 11월 16일).
- 양승태 전대법관의 대법원장 지명을 철회하라(2011년 8월 19일).
- 자격 미달, 부실대법관 후보자들의 임명에 반대한다(2012년 7월 18일).
- 대법원 구성의 다양성을 외면한 대법관 제청을 규탄한다(2012년 6월 6일).
- 대법관 후보를 새로 추천하라(2014년 1월 20일).

민변은 자기 사람들을 법관으로 심는 것에서 그치지 않고 대한민국 최고 사법 기관인 헌법재판소를 장난감 흔들듯 쥐고 흔들려고 하고 있다. 헌법재판소의 결정에 걸핏하면 규탄하고 비판하고 심히 유감이라 하고 자신들의 입맛에 맞는 결정문이 나오면 환영한다고 하고 또 지극히 친절하게도 헌법재판소 결정의 취지를 존중하여야 한다고 국민을 가르치기도 한다. 법률가 집단인 민변의 이러한 이중적 태도에 대해 납득할 국민은 거의 없어 보인다. 아래는 민변의 헌재 결정에 대한 반응 또는 입장을 정리한 것이다.

- 투표 시간 연장 : (기각) 투표 시간 연장 헌법 소원에 대한 헌법재판소의 판단, 국민의 선거권 행사 실상을 전혀 파악하지 못한 안일한 것이다.
- 인권위 조직 축소 권한 쟁의 : (각하) 인권위 조직 축소 권한 쟁의를 각하한 헌재 결정을 규탄한다.
- 검사의 수사 서류 열람·등사 거부 처분 취소 : (위헌 확인) 검사의 수사 서류 열람·등사 거부 행위가 위헌이라는 헌재의 결정을 환영한다.
- 국회의원과 국회의장 등 간의 권한 쟁의 : (인용, 기각, 각하) 미디어법 및 금융지주회사법 가결 선포 행위가 위헌·무효가 아니라는 헌재 결정을 규탄한다.
- 쇠고기 고시(미국산 쇠고기 수입 위생 조건) 위헌 확인 : (기각) 헌법재판소의 결정을 개탄함, 헌재가 스스로 자신의 권한을 다하지 아니한 것으로서 심히 유감이다
- 종부세 세대별 합산 과세 위헌 소원 : (위헌) '세대별 합산 과세'를 위헌 결정한 것은 유감스럽고, 이로 인해 정부와 정치권이 땅 부자들만의 이익을 위해 종부세를 왜곡시키지 않을까 심히

우려된다.

- 지문 날인 등 주민등록법 위헌 확인 : (기각) 헌법재판소의 열 손가락 지문 날인 합헌 결정을 비판한다.
- 24시 이후의 시위 금지 위헌 제청 : (한정 위헌) 24시 이후의 시위 금지를 합헌으로 인정한 헌법재판소의 결정을 비판한다.
- 선거법 사후 매수 처벌 위헌 확인 : (합헌) 공직선거법상 사후매수죄 조항에 대한 헌법재판소의 합헌 결정에 대하여 유감을 표명한다.
- 군 동성애 처벌 위헌 소원 : (합헌) 군형법 제92조(계간 처벌 조항)에 대한 헌법재판소의 합헌 결정을 비판한다.
- 이주 노동자 집행부 강제 퇴거 : (합헌) 규탄한다.

민변은 국민기본권을 지켜야 할 경찰을 동네북으로 만들면서 공권력을 무력화시키는데 앞장서고, 말로는 비정규직을 극진히 위하는 것처럼 행동하지만 실제 행동은 정규직 귀족 노조를 보호하는데 앞장선다. 또한 인권을 추구한다는 명분을 내세우지만 실제로는 정권에 관심을 더 두고 있으며 이를 위해 대법관 및 헌법재판관의 임명에 촉각을 곤두세운다. 대법원과 헌법재판소의 판결마저도 자신들의 입맛에 맞지 않으면 즉시 개탄스럽다며 비판을 일삼는다.

법의 지배 즉 진정한 법치는 우리나라를 비롯한 대부분의 나라가 채택하고 있는 국가 운영 원리 중 하나이다. 국민의 자유는 공공복리의 원칙에 의한 제한 이외에는 누구로부터도 간섭을 받지 않아야 함은 물론 외부적 통제로부터 자유로워야 한다. 또한 비지배의 자유, 즉 여타의 권력으로부터 지배를 당하지 않는 자유이어야 하고 이는 국민 스스로 만든 법으로써 국가운영원리에 적용될 때만이 가능하다.

그렇다고 법에 모든 것을 담아낼 수는 없다. 그래서 판례도 필요하고 유권해석도 필요하다. 판례와 유권해석으로도 모자라는 경우 법의 정신을 따져야 하는데 그 법의 정신은 정의를 세우는 것이고 무엇이 정의인지 판단하기 곤란할 때는 강자 보다는 약자의 편에 서주는 게 맞다. 법치의 원리는 이러한 모든 것을 포함한다.

정의로운 삶, 옳은 삶들이 모여 공공의 이익을 도모하고 공공의 선을 추구하기 위해서는 국민 개개인의 자유가 철저하게 보장되어야 한다. 앞서도 지적했듯이 이러한 국민의 자유로운 삶을 위해 법치가 필요하며 법에 대한 복종은 시민적 덕성이 있어야 가능하다. 만약 법률이 잘못되었다면 당장은 불복종하고 싶겠지만 그러기 전에 입법부가 고치도록 국민이 명령해야 한다. 입법부가 버젓이 존재하는데도 불구하고 자신들이 판단한 악법이라 하여 무시한다면 그것은 사회혼란을 넘어 또 다른 국민 개개인의 자유를 침해하는 결과가 나올 수 있기 때문에 허용해서는 곤란하다.

필자도 경우에 따라 법원의 판단에 대해 불만을 제기하며 탄원을 하기도 한다. 그러나 법적 판단에 대해 진영논리나 특정 이념에 사로잡혀 규탄하거나 개탄하면서 법의 판결을 무시하지는 않는다. 그것은 스스로를 부정하는 꼴이기 때문이다.

이 책 전반에 걸쳐 공권력에 대한 필자의 견해는 일관되게 국민의 생명과 자유를 지킬 국민이 부여해준 신성한 권력임을 표방했다. 그러나 유감스럽게 공권력이 그러한 모습을 가지고 있었다고 말할 수는 없다. 경찰간부나 검찰의 고위직 인사들이 권력에 기대어 국민의 법 감정을 무너뜨리는 일도 허다했으며, 일선 경찰서에서는 불량한 업소들의 뒤를 봐주면서 뒷돈을 챙기기도 했다. 그래서 국민은 공권력에 대한 신뢰보다는 불신을 보내는 것도 사실이다.

그러나 그러한 일탈은 엄정한 법의 잣대로 심판하면 된다. 일부 공권력의 잘못된 일탈을 놓고 공권력 전체를 무력화시킨다면 결국 가장 큰 피해는 일반 국민이 보게 됨은 자명하다. 그러한 점에서 민변의 공권력 무력화 시도는 용납할 수 없는 것이다.

비정규노동법개악 저지를 요구하는 법조계 선언자(2004. 11. 22.)

-노동인권실현을 위한 노무사모임 - 총 41명.

고경섭 배동산 김철희 유성규 이병훈 조광복 최영주 이경호 김철우 김용주 이오표 김 민 장영석 성명애 윤선호 이혜수 윤여림 강대훈 김현호 이석진 손경미 이승진 이명재 전대길 양도연 권동희 박성우 한태희 장혜진 이종인 한태현 한은정 이영록 김 영 박선희 김태영 박경수 이장훈 윤성봉 김수정 남우근

-민주주의 법학연구회

강경선(방송대), 강성태(한양대), 고영남(인제대), 곽노현(방송대), 김욱(서남대), 김광수(명지대), 김도균(서울대), 김민배(인하대), 김순태(방송대), 김승환(전북대), 김영옥(아주대), 김인재(상지대), 김종서(배재대), 김홍영(충남대), 노호래(세명대), 박병도(건국대), 박병섭(상지대), 박승룡(방송대), 박홍규(영남대), 백좌흠(경상대), 서경석(광주대), 석인선(이화여대), 선정원(명지대), 송강직(대구가톨릭대), 송기춘(전북대), 송문호(대구가톨릭대), 송석윤(서울대) ,안진(광신대), 오동석(아주대), 윤영철(한남대), 이경재(충북대), 이경주(인하대), 이계수(서울대), 이동승(상지대), 이상수(한남대), 이원

우(한양대), 이원희(아주대), 이은희(충북대), 이재승(국민대), 이창호(경상대), 임재홍(영남대), 장덕조(아주대), 정경수(순천대), 정태욱(영남대) ,제철웅(한양대), 조국(서울대), 조경배(순천향대), 조상균(전남대), 조승현(방송대), 조시현(성신여대), 조용만(건국대), 조우영(경상대), 최철영(대구대), 최홍엽(조선대), 한상희(건국대) - 이상 총 55명.

-민주사회를 위한 변호사모임

강기탁(여민합동법률사무소), 강동우(금속연맹법률원), 강문대(단병호 의원실), 강용택(법무법인 유러), 고재환(금속연맹법률원), 고지환(법무법인 로서브), 고태관(고태관법률사무소), 구인호(구인호법률사무소), 권기일(법무법인 덕수), 권두섭(민주노총법률원), 권성중(권성중법률사무소), 권숙권(법무법인 시민), 권영국(민주노총법률원), 권용숙(법무법인 한울), 권정호(법무법인 산하), 김진(이안 법률사무소), 김갑배(대한변협법제이사), 김기덕(금속연맹법률원), 김기열(법무법인 리더스), 김남근(부평종합법률사무소), 김남준(법무법인 시민), 김도형(김도형법률사무소), 김동균(법무법인 다산), 김병수(법무법인 부산울산분사), 김상하(김영중김상하정대출합동법률사무소), 김선수(여민합동법률사무소), 김성진(김성진법률사무소), 김승교(법무법인 정평), 김연수(김연수법률사무소), 김외숙(법무법인 부산종합), 김인회(법무법인 길상), 김장식(법무법인 한울), 김재영(법무법인 화우), 김주원(법무법인 충정), 김주현(새날합동법률사무소), 김진국(법무법인 내일), 김진욱(법무법인 집현전), 김태휘(법무법인 한결), 김학웅(법무법인 창조), 김한주(김한주법률사무소), 김형남(한벗종합법률사무소), 김희수(변호사), 남성렬(법무법인 자하연), 도재형(강원대 법과교수), 맹주천(민주노총법률원), 문한성(법무법인 정민), 민경한(민경한법률사무소),

박훈(창원금속연맹법률원), 박민수(민변 전주전북지부), 박수근(한양대 법대교수), 박승옥(목포합동법률사무소), 박영식(창원금속연맹법률원), 박현석(지석법률사무소), 변영철(변영철조휘열법률사무소), 서상범(민주노총법률원), 서순성(한벗종합법률사무소), 성기섭(법무법인 정원), 성상희(법무법인 하나로), 소라미(아름다운재단 '공감'), 송영섭(민주노총법률원), 송해익(법무법인 삼일), 신대철(신대철법률사무소), 안태윤(민주노총법률원), 엄주범(법무법인 정평),

염형국(아름다운재단'공감'), 오수용(법무법인 정평, 미국변호사), 오형동(밀알법률사무소),

유기성(법무법인 한결), 윤복남(법무법인 한결), 윤영석(법무법인 내일), 윤영환(법무법인 덕수), 윤인섭(법무법인 부산울산분사), 윤중현(법무법인 해마루), 이강훈(새날합동법률사무소),

이건영(민변 광주전남지부), 이경우(법무법인 한울), 이명춘(오성합동법률사무소), 이상호(법무법인 새길), 이석태(법무법인 덕수), 이오영(법무법인 내일), 이원재(법무법인 내일), 이은옥(민주노총법률원), 이인호(법무법인 내일), 이재균(법무법인 자하연), 이재명(이재명법률사무소), 이정택(법무법인 상록), 이형범(법무법인 이산), 장경욱(장경욱법률사무소), 장광수(장광수법률사무소), 장동환(장동환법률사무소), 장석재(민변 전주전북지부), 장주영(법무법인 상록), 전성우(법무법인 한결), 전영식(법무법인 시민), 전형배(법무법인 경원), 정경모(정경모법률사무소), 정성재(법무법인 정평), 정재성(법무법인 부산종합), 정정훈(아름대

운재단 '공감'), 정주석(정주석법률사무소), 정채웅(천지합동법률사무소),

정태상(법무법인 내일), 조상희(법무법인 창조), 조영보(조영보법률사무소), 조영선(법무법인 동화), 조현철(조현철법률사무소), 차정환(법무법인 인천종합), 차지훈(두우합동법률사무소),

차흥권(법무법인 율지), 천낙붕(법무법인 상록), 최명준(법무법인 다산), 최성주(법무법인 부산종합), 최용근(세광합동법률사무소), 최용석(최용석법률사무소), 최정식(법무법인 지평), 탁경국(법무법인 덕수), 하귀남(하귀남법률사무소), 한경수(법무법인 해마루), 한명옥(여산합동법률사무소) -이상 총 117명.

이랜드 문제의 합리적 해결을 촉구하는 500인 선언(2007. 8. 1.)

민변 회원 215명을 비롯, 600명이 넘는 교수/변호사/노무사들이 발표. 그 중 변호사 215명의 명단은 다음과 같다.

강기탁 강동우 강문대 강상현 강호민 고재환 고지환 구인호 권기일 권두섭 권미희 권성중 권숙권 권영국 권정순 권정호 금태섭 김 진 김기덕 김기열 김기현 김남근 김남연 김남준 김도형 김동균 김미경 김미정 김병재 김병주 김선수 김성진 김성희 김수정 김승교 김연수 김영기 김영수 김영희 김외숙 김용채 김은철 김인숙 김장식 김정진 김종웅 김준기 김준오 김진국 김진욱 김춘희 김태선 김태욱 김한주 김형남 김화섭 노정윤 류신환 류혜정 맹주천 문건영 문덕현 문한성 민경한 민병덕 박 훈 박미혜 박서진 박수근 박숙란 박순덕 박영식 박재형 박정해 박주민 박찬운 박헌석 배경렬 배삼희 배영철 백 현 백승헌 변영철 서상범 서중희 서채란 설창일 성상희 소라미 소삼영 손난주 손명숙 송병춘 송상교 송영섭 송해익 송호창 신영훈 신인수 심재환 안태윤 엄주범 여연심 염형국 오수용 오재창 오형동 원민경 위대영 위은진 유기성 유중원 유효석 윤기원 윤영석 윤영환 윤인섭 윤지영 윤치환 이은 이 혁 이경우 이광철 이규원 이동주 이민종 이병래 이상호 이상훈 이상희 이수영 이우영 이원재 이유정 이은우 이인호 이재명 이재정 이정근 이정택 이정희 이지선 이찬진 이철원 이행규 이헌욱 이형범 임선숙 장경욱 장광수 장동환 장서연 장석대 장석재 장영석 장영화 장유식 장은혜 장주영 전영식 전현희 전형배 정기호 정남순 정미화 정석윤 정수연 정영훈 정응기 정재성 정재형 정정훈 정주석 정채웅 정태상 정판희 정현우 조병규 조성찬 조수진 조영보 조영선 조자룡 조재현 진선미 차지훈 차혜령 차흥권 채영호 채정원 천낙붕 최명준 최상중 최성주 최성호 최용석 최윤상 최윤수 최은순 최일숙 최정규 최종민 최현오 최호석 탁경국 표재진 하귀남 하승수 한경수 한용호 한택근 현근택 황재선 황정화 황필규

시국선언 참가 변호사와 법학교수 명단(2009. 6. 10.)

-변호사(682명)

강기언 강기탁 강대성 강동구 강동우 강명득 강문대 강신하 강애란 강영구 강영신 강영신 강영진 강율리 강태현 강하영 고경단 고영구 고영신 고유창 고윤덕 고은아 고재환 고준승 고지환 곽용석 곽용섭 구민회 구본권 구인호 권기일 권두섭 권문상 권미혜 권미희 권성중 권세헌 권숙권 권영국 권영규 권영빈 권정순 권정호 권철호 권혁근 금태섭 길영민 김갑배 김경지 김경진 김경태 김경호 김광삼 김광성 김광중 김귀덕 김규동 김기덕 김기중 김기창 김기천 김기현 김남근 김남준 김다섭 김덕은 김도영 김도형 김도형 김동균 김동섭 김동아 김동호 김두헌 김린 김명희 김미경 김미정 김민석 김병재 김병주 김보라미 김상은 김상하 김상훈 김석곤 김석연 김선수 김성모 김성수 김성식 김성우 김성진 김성훈 김수정 김수환 김승석 김승호 김양환 김연수 김 영 김영곤 김영기 김영민 김영복 김영수 김영식 김영심 김영준 김영중 김영진 김영희 김완수 김외숙 김용규 김용규 김용명 김용민 김용재 김용채 김우진 김윤의 김원일 김은진 김은철 김의종 김인숙 김장식 김재덕 김재영 김재용 김점동 김정범 김정진 김정호 김정희 김종욱 김좌진 김주관 김주원 김주현 김준기 김준현 김지미 김 진 김진국 김진석 김 철 김철홍 김춘희 김탁환 김태근 김태선 김태우 김태욱 김태운 김태원 김태현 김택수 김하연 김학수 김학웅 김한규 김한수 김한주 김항훈 김헌우 김 현 김현성 김현주 김현호 김형렬 김형중 김형태 김호민 김호철 김화섭 김화철 김홍준 김희수 김희정 김희창 김희철 나승철 나양명 나윤주 남상철 남성렬 남현우 남호진 노성환 노정윤 도형욱 류경렬 류 송 류신환 류제성 류혜정 맹주환 문광명 문덕현 문병규 문유식 문종욱 문현웅 문현주 민경한 민병덕 박가림 박경신 박경환 박근하 박기민 박기억 박대욱 박동범 박미혜 박민수 박범계 박상훈 박서진 박석민 박선아 박성민 박성하 박성호 박세경 박세길 박세웅 박숙란 박순덕 박승진 박연철 박영립 박영만 박영식 박오순 박용일 박재승 박재오 박재형 박정식 박정은 박종문 박종우 박종욱 박종운 박종일 박주명 박주민 박주현 박준규 박지웅 박진일 박 철 박철수 박태원 박태현 박형상 박홍기 반정섭 방정환 배병창 배삼희 배영근 배영철 배태연 백상필 백승헌 변영철 서기원 서동용 서보열 서상범 서상연 서선영 서성환 서순성 서정욱 서채란 서태영 석근배 설창일 설창환 성상희 성종규 소라미 소순장 소윤수 손계룡 손난주 손영호 손창완 송기오 송기호 송동호 송병춘 송상교 송서재 송영섭 송인욱 송재섭 송지민 송찬근 송해익 송현순 송호창 송홍식 신계열 신영욱 신용락 신인수 신지현 신진욱 신현석 신현호 심봉석 심요섭 심재환 심종신 안병용 안봉진 안상운 안영도 안준석 안혁 안호영 양규응 양동운 양려원 양 범 양성태 양태훈 여연심 여

영학 여운철 염형국 오수용 오윤식 오재창 오정민 오창훈 오해칠 우수정 우지연 원민경 위대영 위석현 위은진 유병일 유상순 유선영 유완석 유정동 유지선 유진범 유충권 유 택 유효석 윤기원 윤기창 윤대기 윤승희 윤영석 윤영환 윤인섭 윤주호 윤중현 윤지영 윤지혜 윤천우 윤철호 윤치환 음장복 이강만 이강훈 이강훈 이건영 이경우 이경환 이광수 이광욱 이광진 이광철 이근우 이근창 이기문 이기숙 이기욱 이남진 이덕민 이덕우 이돈명 이동주 이동준 이동호 이동환 이만덕 이명선 이명헌 이미화 이민열 이민원 이민종 이병군 이병일 이병주 이병창 이봉재 이상갑 이상호 이상호 이상훈 이상희 이석태 이성우 이성재 이성환 이세영 이세호 이소아 이소영 이순명 이승문 이승민 이승훈 이영기 이영미 이영직 이영진 이예모 이오영 이원구 이원영 이원재 이윤희 이은숙 이은우 이인호 이재균 이재동 이재명 이재정 이재호 이재호 이재화 이정근 이정민 이정택 이정희 이정희 이종명 이종호 이주관 이주연 이준형 이지선 이지훈 이진호 이찬진 이창록 이철원 이철원 이 충 이치선 이한본 이행규 이헌묵 이헌욱 이 혁 이현규 이현성 이현용 이현웅 이현주 이형근 이형범 이홍훈 이흥엽 임선숙 임선영 임성택 임신원 임영화 임재인 임정은 임종인 임창주 임치영 임태호 임헌규 장경수 장경수 장경욱 장경진 장달영 장덕천 장동환 장서연 장석대 장석재 장성관 장영석 장영화 장유식 장종필 장주봉 장주영 장중식 장철우 장철호 장홍록 장효정 장훈열 전경능 전병남 전성배 전성배 전성제 전영식 전종민 전종원 전해철 전형배 정경선 정경수 정관영 정기호 정남순 정대출 정대화 정미화 정범성 정병욱 정보건 정보근 정상권 정석윤 정성재 정성호 정소홍 정수인 정양현 정연기 정연순 정영원 정영훈 정왕재 정 운 정은아 정응기 정인희 정재성 정정훈 정종원 정주식 정지석 정지웅 정진형 정채웅 정춘식 정태상 정한중 정현우 정혜선 정호석 정홍철 제옥평 조경임 조광희 조규훈 조동환 조범석 조병규 조상호 조석만 조성오 조성오 조성찬 조수진 조영보 조영선 조자룡 조재현 조정래 조정희 조주영 조지훈 조철기 조하영 조형수 좌세준 주강원 지관엽 진선미 진현숙 진현종 진형혜 차지훈 차혜령 채성희 채영호 천낙붕 천창현 최강욱 최건섭 최경섭 최낙건 최낙준 최명준 최변기 최병모 최봉태 최상종 최석진 최성식 최성주 최성호 최영도 최영동 최영수 최영효 최용근 최용석 최용성 최원식 최윤상 최윤수 최은정 최일숙 최재천 최정규 최정인 최종민 최지희 최진환 최현오 최현우 최효종 탁경국 표재진 하귀남 하승수 하영석 하은정 하인호 하 회 한경수 한기찬 한명옥 한상복 한석종 한성준 한승헌 한연규 한은석 한정화 한창완 한택근 허양윤 허장협 허진민 허진영 현근택 현지원 형장우 홍석조 홍요셉 홍용호 황규표 황민철 황병각 황상현 황선기 황선영 황선철 황은영 황인상 황재선 황정렬 황정화 황필규 황희석 김정일 박원순 이수정

-법학교수(195명)

강경선(방송대) 강성태(한양대) 강영철(단국대) 고봉진(제주대) 고영남(인제대) 곽노현(방송대) 국순옥(인하대명예교수) 김광수(서강대) 김기진(경상대) 김대원(서울시립대) 김도균(서울대) 김도현(동국대) 김동호(전남대) 김두식(경북대) 김명식(조선대) 김명연(상지대) 김병록(조선대) 김민배(인하대) 김상용(중앙대) 김석호(인천대) 김선광(원광대) 김성돈(성관관대) 김성진(전북대) 김승환(전북대) 김엘림(방송대) 김영두(충남대) 김영희(상지대) 김영희(연세대) 김욱(서남대) 김원준(전남대) 김은진(원광대) 김인재(인하대) 김인회(인하대) 김재형(조선대) 김제완(고려대) 김종서(배재대) 김종철(연세대) 김주영(상지대) 김주환(홍익대) 김창록(경북대) 김천수(성균관대) 김홍영(성균관대) 김효신(경북대) 김희성(강원대) 남궁술(경상대) 남복현(호원대) 권홍(충남대) 류창호(아주대) 문병효(강원대) 문준영(부산대) 민병로(전남대) 박강우(충북대) 박규용(제주대) 박병도(건국대) 박병섭(상지대) 박상식(경상대) 박선아(제주대) 박성호(한양대) 박승룡(방송대) 박승호(숙명여대) 박정희(성화대) 박준석(전북대) 박지현(인제대) 박진완(경북대) 박찬운(한양대) 박홍규(영남대) 박희호(한국외대) 방승주(한양대) 백좌흠(경상대) 서경석(인하대) 서보학(경희대) 석인선(이화여대) 선정원(명지대) 소병천(아주대) 소삼영(청주대) 송강직(동아대) 송기춘(전북대) 송동수(단국대) 송문호(전북대) 송석윤(서울대) 신동룡(강원대) 신봉기(경북대) 신영수(경북대) 심영희(한양대) 안진(전남대) 양승규(서울대명예교수) 양천수(영남대) 엄순영(경상대) 여치헌(강원대) 오동석(아주대) 오병두(홍익대) 오세혁(중앙대) 오승진(단국대) 오승철(성신여대) 오승환(아주대) 오정진(부산대) 오종근(이화여대) 원혜욱(인하대) 유종락(광주대) 윤영철(한남대) 윤진숙(숭실대) 윤효영(한림대) 이경주(인하대) 이계수(건국대) 이계일(원광대) 이국운(한동대) 이금옥(순천대) 이동승(상지대) 이민영(가톨릭대) 이상덕(계명대) 이상명(순천향대) 이상수(서강대) 이석우(인하대) 이승욱(이화여대) 이영록(조선대) 이영무(조선대) 이원우(서울대) 이원희(아주대) 이유정(인하대) 이은희(충북대) 이장희(한국외대) 이재승(건국대) 이종수(연세대) 이주형(중앙대) 이창호(경상대) 이철남(충남대) 이철호(남부대) 이헌석(서원대) 이호근(전북대) 이호용(단국대) 이호중(서강대) 이흥용(건국대) 임상순(원광대) 임상혁(숭실대) 임성권(인하대) 임재홍(영남대) 임지봉(서강대) 장경원(명지대) 장덕조(서강대) 장복희(선문대) 장용근(홍익대) 장철준(한동대) 전윤구(경기대) 전종익(서울대) 정경수(숙명여대) 정대익(경북대) 정병덕(한림대) 정병호(서울시립대) 승재(문화스포츠법연구소) 정영선(전북대) 정인섭(숭실대) 정진석(국민대) 정태욱(인하대) 정태호(경희대) 정회철(충남대) 정훈(전남대) 정희철(대구카톨릭대) 제철웅(한양대) 조경배(순천향대) 조국(서울대) 조상균(전남대) 조승현(방송대) 조시현(건국대) 조용만(건국대) 조우영(경상대) 조임영(영남대) 조지만(아주대) 조현래(부산대) 차성민(한남대) 차정인(부산대) 채형복(경북대) 최명구(부경대) 최봉석(동국대) 최영규(경남대) 최우정(계명대) 최윤철(건국대) 최정학(방송대) 최철영(대구대) 최홍엽(조선대) 최흥섭(인하대) 최희수

(강원대) 하승수(제주대) 하태훈(고려대) 한만주(강원대) 한상돈(아주대) 한상훈(연세대) 한상희(건국대) 한지영(조선대) 허일태(동아대)

철도 파업의 정당성을 지지하며(2009. 12. 21.)

파업유도에 대한 철저한 진상조사를 촉구하는 법률가 선언 참가자 일동 (총 289명)

-민주주의법학연구회 회장 서경석을 포함한 68명

강경선(방송대) 고영남(인제대) 곽노현(방송대) 김 욱(서남대) 김광수(서강대) 김도균(서울대) 김도현(동국대) 김명연(상지대) 김민배(인하대) 김선광(원광대) 김승환(전북대) 김인재(인하대) 김제완(고려대) 김종서(배제대) 김홍영(성균관대) 김희성(강원대) 문병효(강원대) 문준영(부산대) 박병도(건국대) 박병섭(상지대) 박상식(경상대) 박승룡(방송대) 박지현(인제대) 박홍규(영남대) 백좌흠(경상대) 서경석(인하대) 석인선(이화여대) 선정원(명지대) 송강직(동아대) 송기춘(전북대) 송문호(전북대) 송석윤(서울대) 안진(전남대) 엄순영(경상대) 오동석(아주대) 오병두(홍익대) 윤영철(한남대) 이경주(인하대) 이계수(건국대) 이동승(상지대) 이상명(순천향대) 이상수(서강대) 이원우(서울대) 이원희(아주대) 이은희(충북대) 이재승(건국대) 이준형(중앙대) 이창호(경상대) 이호중(서강대) 임미원(한양대) 임재홍(영남

대) 장덕조(서강대) 전윤구(경기대) 정경수(숙명여대) 정병덕(영산대) 정태욱(인하대)

조국(서울대) 조경배(순천향대) 조상균(전남대) 조승현(방송대) 조시현(건국대) 조용만(건국대) 조우영(경상대) 조임영(영남대) 최정학(방송대) 최철영(대구대) 최홍엽(조선대) 한상희(건국대)

-민주사회를위한변호사모임(민변)

회장 백승헌, 국회의원 송영길, 국회의원 이정희, 국회의원 천정배를 포함한 변호사 107명

강기탁, 강동우, 강문대, 강상현, 강영구, 강호민, 고윤덕, 고재환, 고지환, 권두섭, 권성중, 권숙권, 권영국, 김 린, 김 진, 김갑배, 김준현, 김경호, 김기덕, 김남준, 김도형, 김선수, 김수정, 김연수, 김영기, 김외숙, 김장식, 김진국, 김태욱, 김학웅, 김한주, 도재형, 류제성, 마상미, 맹주천, 문한성, 민경한, 박 훈, 박성철, 박수근, 박숙란, 방정환, 백승헌, 변영철, 서보열, 서상범, 서선영, 설창일, 송기호, 송상교, 송영길, 송영섭, 신인수, 심재환, 여연심, 오윤식, 오정민, 윤인섭, 우지연, 윤지영, 이 혁, 이경우, 이덕우, 이민종, 이상희, 이오영, 이원재, 이인호, 이정희, 이재정, 이재호, 이정근, 이정택, 이종호, 장경욱, 장동환, 장석대, 장은혜, 장홍록, 전영식, 전해철, 전형배, 정기호, 정연순, 정병욱, 정재성, 정정훈, 정주석, 정채웅, 정판희, 정현우, 조수진, 조영보, 조영선, 조현주, 차혜

령, 천낙봉, 천정배, 최성주, 최성호, 최용석, 최현오, 탁경국, 한경수, 한택근, 황민호, 황희석

-노동인권실현을위한노무사모임 회장 장혜진을 포함한 노무사 114명

강경모 강대훈 강두용 강민주 강재민 강정국 고경섭 고관홍 구동훈 권동희 권오훈 권태용 김기범 김남수 김미영 김　민 김민아 김민호 김성진 김세종 김세희 김수정 김　영 김영미 김용주 김은복 김재광 김재민 김종진 김지혜 김철우 김철희 김학진 김현호 김혜선 남우근 박경수 박문순 박민정 박선희 박성우 박윤진 박재홍 박종근 박종남 박주영 박현희 배동산 배현의 서종식 성명애 손경미 신명근 신은정 신지심 양　현 유명환 유상철 유성규 윤대원 윤선호 윤성봉 윤성환 윤여림 윤　훈 이경호 이민규 이병훈 이보경 이상미 이상철 이석진 이선이 이수정 이수현 이승현 이영록 이오표 이유민 이인찬 이장우 이종란 이종인 이지환 이태진 이현중 이혜수 장영석 장혜진 전선미 정명아 정상욱 정송도 정유진 정윤각 정해명 정혜자 조광복 조명심 조정미 조제희 조형래 주용종 최기일 최승현 최영연 최영주 최지복 최진협 하윤성 하태현 한태현 황규수 황철희

반헌법적, 반역사적 전교조 탄압을 규탄하는 법률가 384인 일동(2013. 11. 11.)

-변호사

강기탁 강동우 강문대 강상현 강신관 강영구 강은옥 강을영 강지현 강호민 고윤덕 고재환 고지환 구나영 구인호 권기일 권두섭 권성중 권숙권 권영국 권정호 권혁근 김갑배 김경호 김기덕 김남준 김남희 김도형 김동균 김동현 김명진 김미경 김민수 김상은 김상하 김석준 김선수 김선영 김선욱 김성수 김성우 김성진 김소진 김수정 김승교 김연수 김영기 김영수 김영준 김영희 김외숙 김유정 김유정 김은경 김은산 김은철 김인숙 김인회 김장식 김재왕 김재용 김정희 김종귀 김종보 김종수 김종우 김주관 김주현 김주혜 김준우 김준현 김 진 김진국 김진형 김차곤 김차연 김 철 김태근 김태욱 김하나 김한주 김해영 김행선 김현승 김형남 김형태 김훈규 나연찬 노성진 노희준 류민희 류신환 류정선 류제성 류하경 마상미 맹주천 문한성 문현웅 민경한 민병덕 민태식 박갑주 박경찬 박공우 박기민 박다혜 박민수 박병언 박상혁 박성하 박성호 박수근 박연철 박영식 박은영 박재홍 박종문 박주민 박중용 박지현 박찬운 박치현 박현지 박 훈 방정환 배경렬 백승헌 백신옥 백은성 백주선 백혜련 변영철 서보열 서상민 서상범 서선영 서은경 서중희 설창일 성창익 성춘일 손난주 송기호 송상교 송영섭 송해익 신명근 신선아 신성욱 신영훈 신윤경 신인수 신장식 신지현 신훈민 심재환 안상운 안시현 안영도 양지훈 양창영 여연심 오경민 오동현 오윤식 오세정 오원근 오재창 오정민 오현희 우지연 위대영 위은진 유선호 유창진 유태권 윤대기 윤영환 윤인섭 윤재두 윤지영 윤천우 이강혁 이경우 이광철 이덕우 이동구 이명춘 이민규 이민종 이병일 이상호 이상희 이새나 이선경 이소아 이영기 이오영 이용우 이원구 이원영 이원재 이원호 이은혜 이인람 이재균 이재정 이재호 이재화 이제일 이정택 이정환 이종명 이종호 이주현 이준길 이준형 이찬진 이창현 이학준 이한본 이헌욱 이 혁 이현웅 이현주 이혜정 이유정 이회덕 이흥영 임선숙 임선아 임성택 임신원 임영환 장덕천 장동환 장미정 장석대 장석우 장수동 장숙경 장영석 장유식 장은혜 장종오 장주영 장지혜 장한별 장홍록 전영식 전종민 전해철 전형배 전홍근 정기호 정대현 정병욱 정소연 정수인 정연기 정은영 정재성 정정훈 정종원 정주석 정채웅 정판희 정현우 조광희 조덕상 조동환 조성오 조성찬 조세화 조영관 조영보 조영선 조일영 조지훈 조현주 조형수 조혜인 좌세준 차승현 차혜령 천낙붕 천지선 최강욱 최규선 최명준 최민준 최병모 최성주 최영도 최용근 최용석 최일숙 최종환 최현오 탁경국 하귀남 하승수 하주희 한가람 한경수 황민호 황필규

-법학 교수

상경선(방송대) 상성태(한양대) 고영남(인제대) 김기신(경상대) 김 욱(서남대) 김광수(서강대) 김도균(서울대) 김도현(동국대) 김명연(상지대) 김민배(인하대) 김선광(원광대) 김엘림(방송대) 김은진(원광대) 김인재(인하대) 김재완(방송대) 김제완(고려대) 김종서(배재대) 김홍영(성균관대) 김희성(강원대) 문병효(강원대) 문준영(부산대) 박병도(건국대) 박병섭(상지대) 박상식(경상대) 박승룡(방송대) 박지현(인제대) 박태현(강원대) 박홍규(영남대) 박희호(한국외대) 백좌흠(경상대) 서경석(인하대) 석인선(이화여대) 선정원(명지대) 송강직(동아대) 송기춘(전북대) 송문호(전북대) 신옥주(전북대) 안 진(전남대) 엄순영(경상대) 오동석(아주대) 오병두(홍익대) 윤영철(한남대) 윤애림(방송대) 이경주(인하대) 이계수(건국대) 이동승(상지대) 이상명(순천향대) 이상영(방송대) 이상수(서강대) 이원우(서울대) 이원희(아주대) 이은희(충북대) 이재승(건국대) 이준형(중앙대) 이호중(서강대) 임미원(한양대) 임재홍(방송대) 장덕조(서강대) 전종익(서울대) 정경수(숙명여대) 정병덕(한림대) 정영선(전북대) 정태욱(인하대) 조 국(서울대) 조경배(순천향대) 조상균(전남대) 조승현(방송대) 조시현(건국대) 조용만(건국대) 조우영(경상대) 조임영(영남대) 차성민(한남대) 최정학(방송대) 최철영(대구대) 최홍엽(조선대) 한상희(건국대)

민변의 궤변

펴낸날 **초판 1쇄 2014년 11월 1일**

지은이 **조형곤**
펴낸이 **김광숙**
펴낸곳 **백년동안**
출판등록 **2014년 3월 25일 제406-2014-000031호**

주소 **경기도 파주시 광인사길 30**
전화 **031-941-8988**
팩스 **070-8884-8988**
홈페이지 **http://www.sallimbooks.com**
이메일 **on100years@gmail.com**

ISBN 979-11-86061-03-9 03300

※ 값은 뒤표지에 있습니다.
※ 잘못 만들어진 책은 구입하신 서점에서 바꾸어 드립니다.

이 도서의 국립중앙도서관 출판시도서목록(CIP)은 서지정보유통지원시스템 홈페이지(http://seoji.nl.go.kr)와 국가자료공동목록시스템(http://www.nl.go.kr/kolisnet)에서 이용하실 수 있습니다.(CIP제어번호: CIP2014028006)

책임편집 **홍훈표**